Éloge du voyage
à l'usage des autistes
et de ceux qui ne le sont pas assez

Du même auteur

Je suis à l'Est, Plon, 2012 ; Pocket, 2013.

Josef Schovanec

Éloge du voyage
à l'usage des autistes
et de ceux qui ne le sont pas assez

PLON
www.plon.fr

© Éditions Plon, un département d'Édi8, 2014
12, avenue d'Italie
75013 Paris
Tél. : 01 44 16 09 00
Fax : 01 44 16 09 01
www.plon.fr

ISBN : 978-2-259-22223-5

Ouvertures

Visages du chemin

Il y a des autistes voyageurs. Un peu. Beaucoup, même. Des autistes du voyage, comme il est des gens du voyage. Tant pis si l'on n'en parle guère, y compris dans la littérature spécialisée. On ne les rencontre ni dans les restaurants branchés de Barcelone, ni dans les salons dédiés au tourisme, encore moins parmi les récipiendaires des listes de diffusion des tour-opérateurs « soleil – plage – soirées ». Plutôt dans une auberge perdue dans les déserts d'Asie. Ou mariés à une Taiwanaise dans un village pittoresque de la province de Hualien. Ou encore, bol de mendiant à la main, moines errant de monastère en monastère dans l'Himalaya (*hima-alaya*, littéralement « la demeure des neiges », en sanskrit).

Quand il est question de voyages, faut-il mentionner l'autisme ou pas ? N'est-il pas contradictoire d'évoquer les kilomètres parcourus par ceux qui sont censés résider dans des bulles ? Que pourraient les autistes apporter là où ils sont apparemment les moins doués, où, au mieux, on les tolère tel un fardeau ? Ami lecteur, à ces questions, la réponse vous appartient. Miguel, un ami de la région lyonnaise, a eu la sienne lors d'un curieux épisode, devenu pour lui et moi « l'anecdote du restaurant coréen ». Le début en est banal : nous devions nous revoir l'été dernier à Lyon à l'heure du repas. Pour ma part, aller dans un restaurant seul est tâche fort pénible. Pour lui, la cuisine des pays lointains relevait de l'inconnu. Nous nous sommes finalement rendus dans un restaurant coréen. Grâce à mon ami, j'ai pu manger au restaurant. Grâce à moi, mon ami a pu découvrir la cuisine coréenne. En plus de la découverte, nous avons passé un bon moment. Il en est du voyage comme pour tout le reste : ce qui est ouvert aux personnes autistes profite à tous. A nous d'inventer les passerelles pour rendre ce monde possible.

« Il n'y a nulle part où aller sinon partout. Alors continue de rouler sous les étoiles » (Jack Kerouac). En plus des étoiles, seul devant nous le chemin toujours demeure. D'étranges visages, d'autant de repères du passé il se pare. A ceux que les hasards des routes m'ont donné de rencontrer, à ceux qui ont marqué ma mémoire et que pourtant jamais je ne reverrai, que soient dédiées ces pages. Visiteurs d'un moment, ils peuplent plus ou moins directement le présent texte, tout comme ils ont façonné ma vie.

Visage de l'aventure – Monsieur V.

Je me souviens. Je l'ai rencontré, un hiver, à Téhéran. A l'heure où les nuages sont plus lourds que jamais, où « les sorcières soufflent sur les nœuds », comme le dit le Coran. Sa chambre était située près de la place de la Révolution, non loin de la mienne, à deux pas de l'immense complexe de l'université de la ville. Inutile d'être grand physionomiste pour deviner son occupation : V. est voyageur. Crâne providentiellement dégarni, lui évitant ainsi les complexités de la coupe en des lieux inhospitaliers, barbe négligée, vêtements adaptés à tous les climats et tous les mouvements : V. a la silhouette idoine. Et quelques détails complémentaires, peu apparents dans un premier temps, parachèvent le tableau : c'est ainsi que l'on finit par apprendre que le portefeuille de V. est un faux, ne contient que quelques maigres billets. Il a ainsi pu se jouer de l'un des dangers de Bichkek : attaqué par un groupe de faux policiers kirghizes, il les a laissés dérober son faux portefeuille. Au-delà du fait divers, la neutralisation mutuelle des deux faux sonne presque comme une de ces histoires sapientiales dont la Chine et d'autres cultures sont friandes.

Vaclav, ou tout simplement V., comme dans les romans de Kafka, est en fin de compte un inconnu. Une figure qui un jour émerge de la nuit, et y retourne peu après. Autant pour beaucoup de gens on peut avoir l'illusion de les situer dans l'espace et dans la société, grâce à leur adresse et à leur statut social supposé, bref, dans le jargon policier, de les « loger », autant pour V. c'est là tâche impossible.

J'ai longuement discuté avec Vaclav, et, chose rare pour moi, j'ai pu le faire en tchèque. Il m'a conté ses voyages, certains du moins. Car sa mémoire, riche de tant d'expériences vécues, était inépuisable. Quel que soit le lieu du Moyen-Orient que je citais, même le plus improbable, il le connaissait et y était allé au moins une fois. De désespoir, je citais des endroits normalement fermés aux étrangers, comme Chabahar, Taftan et autres Quetta ; la réponse était la même : je connais, j'en reviens juste. De même pour les petites localités iraniennes, inconnues du monde extérieur. Et ce jusqu'à la zone démilitarisée entre Syrie et Israël, qui lui était familière. Je me souviendrai de son regard de désespoir un soir avant un long week-end : il ne savait pas où partir, et nul ne pouvait le conseiller, aucune des suggestions n'ayant gardé de secrets pour lui.

Plus encore que les seuls lieux, ce sont les détails de ses pérégrinations qui m'ont frappé. A côté de lui, je suis un douillet. Un couard. Non, je n'oserais pas passer trois nuits sur le béton d'une gare perdue du Pakistan, en attendant un hypothétique train pour Dieu sait où. Ni me faufiler entre les barbelés militaires dans la ville fantôme de Quneitra. Voyager sans but apparent, sans programme précis. Car tel est le vrai secret de V. : il voyage sans motif, sans statut professionnel particulier. Seul, dans la vie comme sur les routes, V. est de ceux à qui l'on dit avec une émotion contenue la formule persane traditionnelle : « Que Dieu vous garde », au jour du départ, en sachant qu'on ne les reverra jamais plus.

Le visage des siècles passés – l'Arménien

« L'Arménien » n'est pas son vrai nom, mais Harout, qui au demeurant me fait irrésistiblement penser, malgré les évidences linguistiques et ses dénégations, au prénom hébraïque « Herouth », liberté. Mais tout le monde ici, à la mission archéologique de Nakalakari en Géorgie dans le Caucase du Sud, l'appelle ainsi. *Kdyé armén ?* (« Où est l'Arménien ? », en russe) retentit à tout instant, moins pour savoir où il est que pour s'assurer qu'il n'est pas ici. Ce n'est pas fort aimable, assurément. Cela reflète sa faible popularité. Signe qui ne trompe pas, Assel, la jeune Sibérienne réfugiée en Suède, au prénom étonnamment arabe (en laquelle langue *'assal,* avec une gutturale dure au début, désigne le miel), qui a déployé ses charmes auprès de tous les jeunes hommes présents, l'a soigneusement évité.

Il faut dire que l'Arménien est peu fréquentable. Imaginez seulement : il manifeste peu ses émotions. Il est peu présent aux activités de groupe. Son visage est presque toujours identique.

Et surtout : il est une encyclopédie vivante de l'histoire de son pays. Plus diplômé que les autres, son savoir est inépuisable. A toute question touchant à l'archéologie, à l'histoire de la langue, à la politique ou à la très longue histoire arménienne, il apporte une réponse circonstanciée, brillamment étayée de chiffres, noms et exemples.

Trop longue d'ailleurs. Il passe pour un obsédé de l'Arménie. On le raille. On imite de manière grotesque ses réponses. Et on le provoque parfois. En écrivant ces mots, assis dans un hamac rustique à la tombée de la nuit, j'entends de loin les échos d'un jeu de société auquel mes camarades jouent ; au cours de la minute écoulée, le mot « Arménien », en anglais ou en russe, a dû retentir une douzaine de fois, dans des jeux de mots les plus variés et de goût plus ou moins douteux. A se demander qui est réellement obsédé.

Et pourtant. Je l'aime bien, l'Arménien. D'une part parce que, grâce à lui, j'ai tellement appris. Mais également à titre j'oserais dire « utilitaire », tant au cours des inévitables *soupra* (soirées traditionnelles, où le vin et la *tchatcha* coulent à flots) je finis, malgré la gentillesse des Géorgiens, à me sentir désespérément marginal : alors, l'Arménien est un excellent compagnon de discussions, d'autant plus qu'il est lui aussi généralement isolé. Bien entendu, nos échanges portent sur l'Arménie. Ils sont relativement unilatéraux, c'est-à-dire que lui parle plus que moi. Parfois, il faut beaucoup de patience. Il faut

11

surtout beaucoup d'endurance pour supporter les railleries des autres quand on vous a vu en compagnie de l'Arménien.

L'avant-dernier jour de la saison archéologique à Dmanisi, en Géorgie, est venue la surprise : l'Arménien m'a dit qu'il m'invitait en Arménie. Qu'il avait modifié ses plans pour pouvoir faire le trajet avec moi. J'étais ému. C'était inespéré. J'ai compris que c'était sa manière de me remercier. Je ne savais comment faire de même pour lui.

Alors que presque toute l'équipe était déjà partie, alors que les derniers archéologues fermaient la baraque en bois en prévision du terrible hiver caucasien, emportant de volumineux bagages, Harout et moi descendîmes du bus place Avlabari, au cœur du quartier, bien entendu arménien, de Tbilissi. Y attendait une voiture. Rapide poignée de main avec un inconnu, conciliabules en arménien, étreintes d'amis de toujours qui pourtant se voient pour la première fois de leur vie. Et nous voici conduits par un inconnu, sur la route du Sud. Ghoubani, Marneouli, Zemo Kulari, les localités défilent jusqu'à la frontière. A telle maison, me fait-on observer, le ruban noué indique qu'une jeune fille y est à marier. Voici les drapeaux. Une fois les deux postes franchis, Harout me serra la main très fort, un immense sourire, de ceux que je ne lui avais pas encore vus, sur les lèvres : « Bienvenue en Arménie ! » Ce fut le début de plusieurs journées intenses, riches en explications historiques, ainsi qu'en kilomètres, dans les monts du Caucase comme dans les plaines menant au fameux Ararat. Epuisantes pour les petites natures comme moi. Epuisantes pour tous ceux qui ne sont pas autant portés que Harout par la passion et qui ne partagent pas son érudition.

J'espère revoir Harout. Nous sommes amis. Il pense peut-être que c'est le seul intérêt pour cette partie du Caucase qui nous rassemble. J'oserais dire que ce pourrait ne pas être le fin mot de l'histoire : notre profil psychologique, psychiatrique n'est sans doute pas tellement divergent. Qu'importe, après tout ?

Visage de la réussite – Rebecca

J'ai peu connu Rebecca, en fin de compte, et n'ai plus de contacts avec elle depuis longtemps. Elle n'a jamais été une amie au sens plein. Pourtant, elle compte parmi les exemples pour moi, les personnes qui « inspirent », au sens anglais du terme.

J'ai rencontré Rebecca d'une curieuse façon. C'était encore un matin d'hiver, un de ces jours brefs où la faible lumière du jour perce à peine à travers les épais nuages de pollution de Téhéran, juste avant le *shab-e-yaldâ*, nuit de la naissance, l'antique fête zoroastrienne de Mithra (dont le nom en avestique signifie littéralement « celui qui lie »), nuit où le soleil contre les ténèbres livre son plus redoutable combat. Elle avait quelques jours de retard et rejoignait enfin notre petit groupe ; elle, l'Américaine, originaire du Midwest religieux, se retrouvait, Dieu sait comment, au séminaire d'hiver d'une université d'un pays qui n'était pas précisément ami avec le sien. Je ne sus que bien plus tard la raison de son retard : elle avait eu des soucis à Istanbul, devant jongler avec les passeports et visas, puisque, à cette époque, elle vivait... en Israël.

Au bout de quelque temps, avec ma déformation professionnelle, des éléments de la vie de Rebecca et son comportement me firent songer à un profil connu, j'allais dire « de chez nous ». Son élocution était excellente, elle pouvait faire des exposés longs et complexes sans jamais bafouiller, mais la prosodie du langage lui semblait étrangère. Son visage n'exprimait pas beaucoup d'émotions. Elle manquait de nombreux cours, car elle préférait la compagnie des livres, qu'elle lisait de manière compulsive. Contrairement aux autres filles du groupe, elle n'a jamais vraiment su fixer sur ses cheveux le foulard de rigueur, comme si un problème mécanique entravait ses mouvements.

Au cours des conversations que j'eus avec elle, je compris que Rebecca, plus que polyglotte, était ce que j'appellerais une polyglotte d'évidence, de ces personnes qui non seulement connaissent beaucoup de langues, mais qui jugent évident ou naturel qu'il en soit ainsi, et ne tirent nulle fierté d'un état de fait qu'elles ne mettent pas même en valeur. Russe, persan, arabe, tadjik, français, et surtout la langue qui lui tenait le plus à cœur, le géorgien – elle est au demeurant la seule étrangère que je connaisse qui ait appris le géorgien au point de le maîtriser couramment. Après la fin du programme, j'ai échangé quelques e-mails avec elle. C'est là que j'ai, avec moult précautions, posé la question que j'avais présente à l'esprit : était-elle autiste ? Elle m'a confirmé que tel était bien le cas. Soulagement : ma sotte prétention à deviner quelques traits autistiques chez les gens n'était pas démentie, pour une fois du moins. Elle a précisé qu'elle avait une sœur qui avait la même personnalité qu'elle, mais qui, de par les circonstances de la vie, n'avait pu acquérir une autonomie correcte.

Si j'ai bonne mémoire, le dernier message de Rebecca était celui où elle m'annonçait qu'elle partait pour Singapour, la « ville des lions » en sanskrit, pour postuler à une université locale. Et surtout pour échapper à son Midwest natal. Notre contact s'interrompit alors pour de bon. Qu'elle fasse belle carrière, et que riches soient ses découvertes. Pour moi, elle restera toujours, parmi le groupe deux fois marginal des routards éternels et autistes, symbole de la réussite, de ces moments d'exception où la force d'une intelligence hors norme finit par surnager des flots hostiles.

La poussière d'Asie centrale, l'errance des routes et les langues – François-Omer

L'arrivée fut rude. Le minuscule aéroport de l'époque soviétique de Samarkand peine à faire face aux nombreux passagers des grands avions. A l'issue d'un long vol, les procédures ont pris tout le reste de la nuit. Ma valise fut perdue. Moments de désespoir lorsque le ciel de noir redevint bleu, et que je n'étais toujours pas arrivé. Panique, puis sommeil entre quatre murs, ou plutôt entre trois kilims. Marche anxieuse à travers la nouvelle ville, entre monuments qui coupent le bleu du ciel et ruelles plus singulières encore. Entre vieillards à la barbe blanche, devant lesquels toutes les têtes s'inclinent dans un silence respectueux, et enfants qui tentent de nouer le contact avec l'étranger.

La surprise vint le lendemain. Un vrai choc. Je ne m'y attendais pas. Premier jour de cours à l'université de Samarkand. Petite salle. Une douzaine d'élèves. Après quelques premiers cours de langue le matin, cours de civilisation. Arrive un prof assez jeune, cheveux en désordre. Il saute les formalités. Montre une carte des hautes vallées. Puis deux, trois. Les toponymes étranges défilent. Les noms des parlers encore plus vite. Et moi qui ignorais même les plus grands groupes. Ne savais

pas même le sens des têtes de rubrique des classifications, la différence entre parlers qiptchaq et qashqai.
François-Omer est un passionné. Il a dédié sa vie aux
langues. Il a fait du collectage partout – sauf dans la
Ferghana, ajoute-t-il, humblement, sans que je le croie
trop. Son cours se finit vite, trop vite. François-Omer
disparaît.

Deuxième acte. Le bus d'un autre âge ronronne au
petit matin dans une rue de Samarkand, non loin du
Palais Bleu, Kök Sarây, de Tamerlan, devant qui la terre
tremblait avant qu'il ne rejoigne ses pairs. Sur la longue route de Boukhara, vénérable capitale de l'antique
Sogdiane, un de ces noms qui ont bâti mon enfance
– et qui a l'insigne honneur d'être cité dans l'*Avesta* –,
assis à l'arrière, je croyais finir ma route seul. O surprise, voici François-Omer. Faveur sans prix, il s'assied
près de moi. Durant des heures, il me conta tout. Sa
vie est collectage. Comme les véritables nomades, il ne
voyage pas tout le temps. Il séjourne un mois ou deux
en un lieu, avant de reprendre la route pour un autre.
Plus riche en savoir, en rencontres, et en ces vieux
livres oubliés que parfois, la chance aidant, on trouve
sur l'étal de quelque petit marché perdu d'Asie centrale.
Pour François-Omer, la marge est toujours plus intéressante. Le tadjik est plus intéressant que le persan. Le
tadjik de Boukhara plus que le tadjik du Tadjikistan.
L'ouïgour plus que le turc de Turquie. Le turc otto-
man plus que le turc contemporain. Je me sentis soudain moins seul.

Mon interlocuteur va plus loin. Il ose, contrairement à moi. Il ose mener une vie hors des standards.
Aux savants occidentaux que parfois il croise, et qui
s'étonnent de le voir, hors de toute mission officielle, en
telle localité perdue, il répond par son libre choix. Un

vieux souvenir me revint en mémoire : lors d'un colloque à Moscou, je dis à mon interlocuteur du moment, érudit et galonné universitaire anglais, que j'étais heureux d'avoir pu visiter le jour précédent l'église des Vieux-Croyants de Riga. Il me demanda alors dans le cadre de quel programme de recherche j'avais entrepris cette démarche. Si j'étais spécialiste des vieux-croyants. Je répondis que non. Il revint à la charge : alors j'étais au moins sans doute dans une équipe de recherche spécialisée sur le sujet. Nouvelle dénégation de ma part. Silence. Ce n'était pas prévu. Il voulut enfin savoir avec un grand sourire, peut-être moqueur, si j'avais entrepris cette visite pour le plaisir. Je dis que oui. Nous ne nous sommes plus jamais revus.

Troisième acte. Un soir, sur une place de Boukhara, où peut-être – mais qui connaît les fréquentations des légendes ? – le plus illustre des mollahs, le Mollah Nasreddin, avait dispensé son facétieux savoir, j'étais à la fois fatigué et un peu perdu. Avais hâte de rejoindre la chambre où je logeais. Quand de nouveau je rencontrai François-Omer. Il engagea devant moi la conversation avec un clochard qui exerçait son métier près de la fontaine. Sale et aux ongles longs, l'œil lumineux, il expliqua qu'il parlait toutes les langues de la région : persan, dari, russe, pachto, ouzbek et Dieu sait quoi encore. Un clochard, plus doué en langues que le plus orgueilleux des intellectuels français. Et devant lequel mon persan peu raffiné contrastait singulièrement avec l'image d'un Occident puissant face à la misère supposée de ses marges. Je me joignis au petit groupe. Bien entendu, nous eûmes tôt fait de rejoindre un lieu dédié à la nourriture et à la boisson, l'une des « maisons de thé » sans lesquelles l'Asie centrale et son aire culturelle persanophone n'auraient pas de sens.

17

C'est là que j'appris le projet de François-Omer. Il s'apprêtait à rejoindre deux semaines plus tard l'Afghanistan. Il décrivait ces lieux dont je n'avais qu'indirectement entendu parler. Pour moi, ils étaient en dehors des limites, au-delà de la frontière qui transforme les rêves en voyages. Le soir même, nous parlâmes longuement. Des dictionnaires étymologiques, des langues locales. De ceux qui leur ont dédié leur vie.

Peu après, nos chemins se sont séparés. Je n'ai plus revu François-Omer. Quelques messages, de plus en plus espacés, toujours sous d'autres cieux. Que la route lui soit propice. Et qu'elle ne finisse jamais. « La course de nos jours arrive bien vite au relais. / La mort les suit en croupe. Aussi, tant que j'aurai la vie / Deux de mes jours comptés ne me tourmenteront jamais : / Hier, cet oublié, demain dont je n'ai nulle envie » (Khayyam, dont j'ai par deux fois visité la tombe à Nishapur, dôme bleuté aux confins du monde, là où la steppe infinie d'Asie centrale fait retour à son premier matin).

Vénérable Yi Fa, ou les secrets de la robe ocre

Si vous rencontrez Vénérable Yi Fa, il est fort probable que vous l'oublierez aussitôt. Vous n'aurez pas remarqué sa présence dans la salle, qu'il s'agisse de l'immense réfectoire du monastère de Fo Guang Shan près de Kaohsiung, ou d'une rue de quelque mégalopole du monde. C'est précisément ce qui m'arriva – j'ignore moi-même quand je la vis pour la première fois.

Petite, même selon les standards des femmes de la Chine du Sud dont elle est originaire, elle se faufile sans bruit. Les plis de sa longue robe ocre l'avalent. Son crâne rasé contribue à gommer tout signe distinctif, de même que son comportement fait tout pour parachever la discrétion. Pourtant, c'est en parlant d'elle que tel ou tel connaisseur prononcera le titre honorifique, « Fa Shi », Maître (Bouddha) de la Loi, avec encore plus de respect que d'ordinaire, si possible avec une profonde révérence. Vénérable Yi Fa, elle, écarte aussitôt ces manifestations et va droit au but. L'énergie et l'esprit pratique sont ses attributs bien plus que les honneurs.

Il faut beaucoup de temps pour en savoir plus sur la trop grande robe ocre pour un corps trop petit. Yi Fa est scientifique de formation. Bouddhiste de religion. Moniale de métier. Voilà pour ce que l'on pense deviner facilement. Ce n'est que peu à peu que j'ai découvert, de petite confidence en petite confidence, comme l'autre soir, sur la route que nous parcourions à pied vers le centre bouddhique de Zhujiajian, que le cœur de Yi Fa était ailleurs : Yi Fa est avant tout une voyageuse.

« Qu'est-ce que je peux regretter de ma vie ? J'ai une chambre à Taiwan, une autre près de Los Angeles, que vouloir d'autre ? » Etonnante définition du bonheur. Mais loin d'être la plus sotte. Fa Shi a parcouru plus de kilomètres que quiconque. Fidèle seulement à son maître, dont elle fut l'une des premières disciples (d'où son nom, qui indiquerait qu'elle serait la deuxième en date d'ordination), elle est libre comme le vent. Se moque des racontars et ragots sur elle. Elle combine ses deux passeports, taiwanais et américain, les juge à leur juste valeur : documents de passage, quelle sacralité ont-ils ?

En somme, celle qui a fondé des universités en Asie et en Amérique, enseigné dans un tel nombre d'autres que seuls les bodhisattvas, eux dont le « Sutra du Lotus » dit qu'ils sont grands sages de forte mémoire, en connaissent la liste, ne s'en vante pas. Elle reflète pour moi l'être du voyage, l'abandon par excellence. Celui qui faisait dire au Bouddha pour tout conseil destiné à qui voulait rejoindre son groupe : « Demain, avant l'aube, quand nous partirons, ne t'encombre d'aucun bagage. »

Les visages non vus

Debout sous une fine pluie près de la petite aérogare de Beauvais, attendant mon vol fort économique qui ne venait pas, je tentai un appel. Un appel que j'avais déjà tenté maintes fois auparavant, sans succès. O miracle, cette fois, on décroche. J'entendis une voix qui m'avait manqué trop longtemps. Celle de mon ami Jean. Jean Herson, valeureux compagnon de luttes et compagnon de blagues, grand frère en autisme. Ainsi, un jour il m'avait raconté comment il avait assisté à l'inauguration d'un stade à Bordeaux. Un peu surpris, je lui avais dit que je n'avais pas entendu parler d'une telle inauguration dans la presse. Il m'a souri et dit : « C'était en 1936. » Fou rire de ma part. Ni moi ni mes parents n'étions nés. Car Jean a quatre-vingt-six ans. L'œil vif, l'esprit plus encore. Homme aux cent métiers et nombreuses langues, sa vie est depuis toujours mouvement. Insensiblement, notre conversation glisse vers une personne qui nous est chère à tous deux : Alexandra David-Néel.

Son visage, je ne l'ai pas connu. Comme pour tant d'autres, son nom a pour moi le parfum du rêve. D'un voyage si lointain qu'il dépasse le cadre de tout voyage, se déploie sur un plan nouveau. Qu'il transmue en or celle qui l'a entreprise. Peu à peu, au cours de telle ou telle rencontre de bibliothèque, son nom devint plus concret. Renvoyant à tel livre, tel moment d'égarement, lorsque les yeux quittent la page imprimée pour rejoindre le fil du récit lui-même en ses lointaines contrées.

Pour Alexandra, le voyage était engagement. Jean me confia qu'il voulait, un peu comme elle, fêter son centième anniversaire en renouvelant son passeport. Son chemin sur la terre le lui permettra-t-il ? Que l'Eternel prolonge la trace de ses pas. Je n'oublierai pas notre serment secret de Beauvais. Ce visage que je n'ai jamais vu, et qui ne fait plus qu'un avec le lointain.

Un autre soir, en ces jours où le printemps bruyant de Bucarest se mue en un long et suffocant été, j'étais assis, au sein d'une petite douzaine de camarades et quelques inconnus, dans la salle de séminaire de l'Institut pour la Nouvelle Europe dont j'étais alors boursier. Une conférence allait commencer. Un professeur français était invité. Le recteur de l'Institut, ancien ministre, critique littéraire au prestige infini (car, oui, à l'image de la France d'antan, la Roumanie accorde encore parfois les plus hauts honneurs aux hommes de lettres), revêtu de son plus beau costume, se lançait dans une introduction la plus laudative qui soit, dite dans un français recherché qu'utilisent encore certains Roumains distingués, en roulant les « r » et multipliant les tournures propres à l'âge classique. Sa Magnificence Andrei Pleşu, car tel est le titre traditionnel des recteurs, pour la première fois devant moi, confiait ses souvenirs personnels de ses rencontres avec Mircea Eliade.

Eliade est peut-être pour moi un de ces principaux visages jamais vus, et qui pourtant ont indirectement orienté mon chemin. De nombreuses années ont passé depuis ce jour où, un peu par hasard, j'avais emprunté le *Traité d'histoire des religions*. Je ne me souviens plus exactement de ce jour, simplement de son émotion. J'étais, peut-être un peu naïvement, du fait de ma jeune et impressionnable nature, sans voix devant l'érudition de chaque ligne. Je n'avais alors pas lu en entier le *Traité*. C'en était trop. Je ne revins que bien plus tard à d'autres œuvres d'Eliade, sans vraiment m'intéresser à la personne. Elle était par trop irréelle. Eliade n'était que l'érudition religieuse, la vision soudaine de cultures et croyances vieilles comme le monde. Les années ont passé. Qu'un universitaire devant moi évoque des rencontres avec Eliade me fit l'effet d'une bombe intérieure. J'écoutais avec une attention sans pareille. Ensuite, pour la première fois, je me suis intéressé à Eliade de manière plus rationnelle. J'ai lu ses biographies, discuté avec ses admirateurs et imitateurs, nombreux en Roumanie. Connu beaucoup de déceptions au fur et à mesure que l'entité abstraite de mes jeunes années prenait corps, montrait ses faiblesses et errements politiques. Mais je crus voir autre chose dans Eliade : après tout, peut-être n'était-il pas réellement historien des religions. Le sacré qu'il évoquait était plus un composite, un sentiment qu'il éprouvait lors d'une combinaison d'éléments constitutifs tels que l'amour, l'engagement politique, le voyage, et dont le travail scientifique n'était qu'une voie, certes aride, pour en retrouver la clef. Voilà en quelques mots le sens général du papier que j'ai présenté il y a peu à l'université de Tbilissi. Eliade, théoricien du voyage. Dans cette dimension et avec cette restriction, malgré mon regard désormais plus critique sur lui, il acquiert un sens nouveau pour moi.

Inutile de revenir sur la désormais légendaire madeleine de Proust – qu'au demeurant je soupçonne de plus d'un trait autistique –, en tant que porte d'accès à tout l'univers des souvenirs. Pour Eliade, ce sont certains éléments de voyage. C'est pour cela qu'il aimait revenir là où il était déjà allé : il voulait que tel ou tel objet, tel ou tel élément de paysage, lui évoque un souvenir qu'il aurait autrement oublié. Recrée un temps reculé, que dans ses ouvrages d'historien des religions il nommait *illo tempore*, et que de fait il tirait sans doute de sa propre structure mentale. Ce pourrait également être pourquoi, et ce n'est pas le moindre des paradoxes du personnage, il a soigneusement évité dans ses voyages les pays sur lesquels ses études portaient effectivement, tels que ceux d'Afrique noire ou de Sibérie. Même l'Inde, ce pays dont il fut un expert reconnu, ne l'attira jamais plus après son premier et dernier voyage. Curieux personnage. Mais comment s'affranchir de son propre passé ? J'ignore à qui au juste je pose cette question. Saltimbanque de l'autisme en France, Français à l'étranger, je la vis sur les routes.

Voyageothérapie :
cito, longe, tarde

La France est, à en croire diverses statistiques, championne de l'usage de moult molécules, comprimés, poudres, élixirs et autres bézoards des temps modernes, tous destinés à guérir d'étranges maladies, celles de l'âme. Chacun y va de ses propositions et recettes. Laboratoires et praticiens vantent la nouveauté et l'aspect scientifique de leurs produits. Cuisiniers et restaurants se voulant exotiques rendent de plus en plus criards leurs intérieurs et augmentent leurs prix. Mages, professeurs des méditations les plus curieuses, chamanes et autres guérisseurs n'ont jamais autant prospéré qu'à l'âge de la rationalité et de la science. Rassurons-nous, cette problématique n'est pas récente. Le spleen de Paris ou celui de la vie moderne pourraient être plus anciens qu'on ne l'imagine : sans un malaise profond, notamment chez les jeunes, que serait la littérature mondiale ? Sans leurs voyages, réels ou imaginaires, que resterait-il du patrimoine culturel de l'humanité ?

Et si on osait investir une petite partie des sommes destinées à traiter les maux de la vie en voyages ? On peut considérer que le voyage est la forme la plus ancienne des traitements. Rhazès aurait inventé la « pilule aux trois

25

adverbes » : vite et loin et longtemps, passée à la postérité sous sa forme italienne *cito, longe, tarde*. Il fallait en effet à une certaine époque que celui qui ne désirait pas être contaminé par la peste s'éloigne rapidement, aille loin et y séjourne longtemps ; le même traitement s'appliquant, au demeurant, à celui qui l'avait déjà attrapée. Tout indique que, des multiples thérapies proposées au Moyen Age contre la peste, celle de Rhazès ait été la seule scientifiquement viable. Elle pourrait s'appliquer à bien des maux. Sans oublier que Rhazès, littéralement « celui qui est secret », était persan. Et que contrairement à d'autres noms, je trouve la transcription latine particulièrement réussie, avec le « h » mystérieux, le « z » rare et la finale « -ès », dont l'accent grave accompagne la chute.

Nous autres, Occidentaux, qui savons doser au milligramme près les pilules, sommes en matière de voyageothérapie au stade du Moyen Age. On ignore encore le dosage, l'action réelle de ces simples. Pire, selon des mécanismes que mettent parfaitement en lumière diverses associations de personnes handicapées, ceux qui devraient le plus en bénéficier en sont exclus. Promouvoir l'idée du tourisme, du voyage chez les personnes handicapées relève encore de l'expérimental, de l'avant-gardisme, et donc de quelque chose d'irritant. Le plus remarquable est que cet aspect irritant se retrouve à travers le spectre des professions et milieux sociaux, y compris là où on aurait pu espérer quelque soutien, par exemple dans les milieux médicaux ou médico-sociaux. Voyager, n'y pensez pas... la santé avant tout. Pour cela, restez bien nuit et jour dans votre établissement, derrière la vitre blindée et les deux grillages de sécurité. On vous apportera à manger, et cette nourriture sera labellisée par la Sodexo : en voyage, vous pourriez attraper la diarrhée. Et ne me dites pas que la bouffe est dégueulasse, sinon j'appellerai le psy pour voir ce qui ne va pas et, le cas échéant, adapter votre traitement médicamenteux.

Pareillement, les traités et ouvrages sur l'autisme, même les plus avancés, ignorent en général la question des voyages. Est-ce un résultat indirect de leur origine majoritairement américaine, une culture dont le voyage à l'étranger n'est pas nécessairement un point fort ?

Ce que le voyage guérit

Hier soir, à l'heure où le soleil venait de se coucher derrière les monts du Caucase, où la poignée de maisons de Nakalakari plongeait dans le silence des nuits encore plus éloquent que celui des jours, où le ciel étoilé des lieux reculés dressait son décor, une amie m'a évoqué par SMS la foule du métro parisien. Contrastes. Ayant pourtant, ô combien de fois, personnellement enduré l'épreuve, je ne parvenais tout simplement plus à la ressentir, à l'imaginer. Incapacité d'imaginer, dans le présent contexte culturel, ce que le métro parisien peut représenter. Trop loin, trop étrange, trop martien. Quand bien même on l'a pris des milliers de fois dans le passé de sa vie. Le voyage, mieux que nulle autre thérapie, rend obsolètes les traumatismes passés.

Vous vous sentez moche ? Peut-être faites-vous même partie avec moi des gens peu favorisés par Dame Nature ? Peu importe. Ce qui passe ici pour un défaut pourra devenir une qualité ailleurs. Régulièrement, des personnes me font ainsi remarquer que je suis grand, trop grand. L'un de ceux qui avaient le plus insisté sur cette thématique avait été mon premier psychanalyste, peut-être alors en quête d'éléments pour justifier sa pratique et donc nourrir son portefeuille – au demeurant, si ma mémoire est bonne, il me semble qu'il a fait ces remarques en particulier lors de la séance où il m'a dit qu'il me faudrait lui rendre visite régulièrement jusqu'à son départ à la retraite. Assurément, une thérapie aurait pu se déployer à partir de cet élément de taille, sans que toutefois je sois en mesure d'en entrevoir l'issue, favorable ou non.

Plus simplement, quiconque a voyagé sait que la taille des gens dépend des pays et régions du monde. Ma taille est peut-être supérieure à la moyenne en France, mais tout à fait dans la moyenne en Europe du Nord, par exemple en Estonie, pour citer ce pays qui me tient à cœur. Cette connaissance permet autant d'être rassuré que de répondre en y faisant allusion aux nombreux commentaires et interrogations à ce sujet venus de la part de vos interlocuteurs. Par suite, le constat de diversité des tailles humaines issu du voyage pourra aboutir autant à des histoires drôles que l'on pourra raconter qu'à des questionnements plus subversifs : et si le psychanalyste avait insisté sur ce sujet, non parce que j'aurais été trop grand, mais parce qu'il était, lui, trop petit ? D'autre part, je finis par apprendre également que dans certains pays, comme en Iran ou en Chine, la grande taille est un critère majeur de beauté. Au moins sur un point, moyennant quelques frais de billets d'avion, j'aurai donc un motif de consolation.

Ou bien avez-vous quelques kilos en trop ? En certains lieux d'Afrique on vous adoptera, et louera la sagesse de vos parents qui ont su correctement vous nourrir. Dans la société coréenne traditionnelle, mais elle n'était pas la seule, loin de là, le roi se devait d'être pour le moins obèse.

L'apparence physique n'est pas le seul domaine où intervient l'influence des voyages. Il en va de même pour les comportements et habitudes : si vous êtes très timide et parlez à voix basse, partez en Corée ou au Japon, on vous adorera. Parler à haute voix est mal vu. Les « grandes gueules » n'y ont guère leur chance. Egalement, mais je ne suis pas nécessairement assez fiable dans mes conclusions sur ce thème, j'ai été frappé par la discrétion et l'exquise politesse de nombre d'Ethiopiens que j'ai eu la chance de rencontrer : parfois, ils parlent à voix si basse que je peine à les comprendre, notamment, je crois, les femmes.

Ou bien peut-être souffrez-vous de problèmes de voisinage ? J'ai entendu des cas et rencontré des gens qui ont perdu des décennies de leur vie, dépensé des fortunes en grillages et mesures diverses, sans grand résultat. Pourtant, de tels problèmes ne risquent guère de se poser par exemple dans bien des régions d'Islande, où votre plus proche voisin peut être à des dizaines de kilomètres. Aussi, les amateurs de calme pourront se réfugier à Akureyri, la deuxième ville du pays, dont la population tourne autour de dix mille âmes. Les plus sensibles pourront aller dans l'Ofuguggavatnshaedhir ou d'autres lieux analogues, où votre quiétude pourrait être au plus troublée tous les cinq millénaires par le réveil du volcan voisin. Sans aller aussi loin, le traumatisme associé à la simple évocation des voisins peut être combattu par un séjour chez les Druzes du Golan, où des familles inconnues vous inviteront de suite à prendre le thé (en fait un vrai repas). Il sera par ailleurs impossible ne serait-ce que de songer à votre méchant voisin.

Les névroses

C'était un jour de printemps, déjà chaud en cette partie de la Méditerranée ; à l'issue d'une journée de colloque, notre petit groupe était invité à dîner dans un de ces multiples restaurants à la périphérie de Tirana, apparus récemment en bord des routes – il est au demeurant frappant, vu d'avion, de constater comment villes et villages, notamment en Europe du Sud-Est, grandissent le long des axes de communication, selon un schéma quasiment végétal.

Le repas allait commencer quand l'un de mes camarades, jeune Turc spécialiste de l'islam, s'est levé pour rejoindre les toilettes. Il était de retour quelques instants plus tard, la mine déconfite : il nous expliqua qu'il ne pouvait les utiliser, car, et il le dit avec dégoût, elles étaient équipées de papier seulement – des toilettes européennes « ordinaires », en somme. Lui était de toute évidence uniquement habitué aux lieux, plus orientaux pour ainsi dire – que l'on excuse ces détails –, où un jet d'eau fait office de papier. Une solution fut heureusement trouvée.

Le petit épisode me resta en mémoire, tant il illustre à merveille l'absurdité ultime des conventions devenues contentions qui nous enserrent et finissent par tisser notre normalité qui est de fait une prison. Le cas de notre ami turc a ceci d'intéressant qu'il est à première vue l'opposé exact de ce qui passerait pour indiscutable en Occident : disposer de cabinets équipés de papier, n'est-ce pas là la norme ? A tel point, et cela m'a fait bien sourire, que lors de la crise récente du papier toilette au Venezuela, des internautes se sont amusés de la situation qui devait régner en la matière en Iran. A ceci près qu'ils n'ont pas envisagé un seul instant la vérité : en Iran, on n'utilise pas beaucoup le papier.

Que ce soit dans notre vie privée ou dans notre vie professionnelle, la plupart des points qui nous bloquent relèvent, de fait, de fort petites choses, voire de mesquines considérations. La convention, pour artificielle qu'elle soit, nous paraît la seule possible. La défaillance des éléments qui la constituent représente une épreuve, parfois insupportable. Le fait est connu des psychologues, qui mettent en place des thérapies élaborées pour faciliter la vie des personnes concernées. Le voyage pourrait à cet usage représenter une solution bien moins coûteuse et plus efficace.

D'autres personnes font une fixation obsessionnelle sur tel ou tel homme politique. Bien qu'une attitude de grande méfiance à leur égard relève indubitablement d'un sain réalisme et non de quelque affection de l'esprit, il n'est pas bon qu'elle exerce sa néfaste emprise sur la vie quotidienne. Certaines personnes de mon entourage ont professé une aversion pathologique à l'égard de je ne sais quel personnage public, le corps secoué de frissons dès son évocation. Mentalement, on ne peut que songer à la difficulté qu'il y aurait d'expliquer ce ressenti à, par exemple, un Chinois de Chine, qui souvent ne sait pas trop bien ce qu'est la France, et connaît encore moins ses responsables du moment. Dans une langue où la France se dit *faguo*, littéralement le « pays de la loi », ou si vous préférez « pays du dharma » en contexte bouddhique, comment associer le pays à quelque turpitude ? En somme, voyager devrait être remboursé par la Sécu.

Y a-t-il des pays d'asile ?

Il est donc des voyages qui rendent les névroses les plus fortement implantées sans objet. Il est également des pays plus accueillants, plus ouverts aux différences, vers lesquels le voyage agit de manière décuplée. Ce thème a été indubitablement peu exploré : depuis la chute dans le discrédit de la psychologie des peuples en tant que discipline universitaire, la dimension interculturelle est devenue le parent chroniquement pauvre des études médicales sur le handicap ; par exemple, les études sur l'autisme ailleurs que dans la culture américaine ou, à la rigueur, occidentale, sont à peu près inexistantes.

Conférer donc sur une base autre que purement subjective le statut de pays d'asile, au sens d'un endroit où les souffrances générales endurées n'auraient plus cours, à un pays donné et géographiquement bien délimité me paraît pour le moins problématique. L'histoire des religions et des mouvements sectaires fournit d'abondants et tragiques exemples de l'échec de telles quêtes. La recherche de la « terre sans mal », pour reprendre l'expression de Pierre Clastres, lorsque celle-ci est pensée comme un lieu géographique, n'a guère de chances d'aboutir.

Pourtant, il serait incorrect d'en conclure que tous les lieux se valent pour les voyageurs autistes. Deux cas de figure plus favorables peuvent se présenter. Tout d'abord, et c'est la réponse la plus immédiate et attendue, les pays dans lesquels tel handicap en particulier ou tous les handicaps en général sont mieux reconnus. Il est indéniable que les pays occidentaux ne sont pas égaux à cet égard ; combien de fois ai-je assisté à des réunions semi-officielles ou officielles, où un orateur s'en prenait violemment à la thèse selon laquelle il y aurait des pays plus avancés sur ce point que la France, s'efforçant de salir le plus possible la réputation notamment des pays scandinaves et de l'Amérique ? Pourtant, je crois que ces discours sont avant tout liés à de simples considérations patriotiques. Un ami grand-père d'une petite fille en situation de handicap, Pierre Toureille, m'a à plusieurs reprises

fait part de son projet de réaliser un film montrant, non
cette enfant, mais le regard des passants sur elle, à Paris
puis à Oslo. La différence serait manifeste. Il est également difficilement contestable que dans des pays où tout
le monde connaît le syndrome d'Asperger ou l'autisme,
les contacts humains soient plus faciles dans une certaine
mesure pour les personnes concernées que dans des pays
où cette connaissance est absente. Cela étant, je ne crois
pas en l'existence de « paradis » occidentaux, notamment
pour les adultes : même dans les pays jugés les plus avancés, la norme demeure l'isolement, le chômage, la difficulté à trouver un emploi et l'absence de loisirs corrects.

Le deuxième cas de figure peut paraître plus paradoxal : ce pourrait être les pays du tiers-monde, ou du
moins certains d'entre eux. Dans des pays que l'on considère comme pauvres, en Afrique par exemple, ou des
pays jugés traditionnels, la différence n'est pas vécue sur
le même mode qu'en Occident. Ainsi, dans une société
où l'on hérite le métier de ses parents, où les mariages
sont arrangés, où l'on est socialisé dans un village ou
un quartier donné dès la naissance, les difficultés occidentales pour passer un entretien d'embauche ou encore
établir des contacts n'ont aucun sens. D'autre part, nos
sociétés occidentales ont quasiment éliminé les métiers où
l'on pouvait être non verbal ou concerné par ce que l'on
nomme aujourd'hui un handicap grave : peu de gens chez
nous sont bergers ou moines copistes. Mais ce n'est pas
tout : la question du regard joue indéniablement. Annie,
une amie habitant le sud de la France, maman d'un jeune
homme avec autisme, part exclusivement au Sénégal pour
les vacances familiales : là-bas, outre une hospitalité que
tous les voyageurs saluent, son fils est bien mieux accepté
que dans d'autres lieux. En somme, si tous les pays ne
se valent pas pour l'accueil des personnes handicapées, le

tableau n'est jamais totalement univoque, ni ne va dans le sens des préjugés les plus communs. Peu de pays ont dans leur Constitution cette phrase qui clôt le préambule de la Constitution hélvétique : « La force de la communauté se mesure au bien-être du plus faible de ses membres. » Et moins encore la mettent en œuvre.

Fabriquer ses propres médicaments et antidépresseurs

Le simple déplacement géographique n'est qu'une partie du processus. Le véritable procédé d'action du voyage en tant que thérapie est avant tout intérieur. C'est ce que j'appellerais le fait de créer ses propres médicaments, ses comprimés à base de voyages, ou plutôt tout un travail mental à partir des voyages.

Pourtant, c'est parfois tout l'inverse que l'on entend. De longues années en arrière, alors que je commençais mon engagement militant, eut lieu un colloque au ministère de la Santé, dédié aux maladies psychiques. Les plus illustres autorités ainsi que des personnes ayant vécu la chose nous ont expliqué que les crises de schizophrénie pouvaient se déclencher lors des séjours à l'étranger. Un intervenant m'avait en particulier marqué : jeune homme fragile, il avait cru voir son salut dans une fuite, certes non point fiscale, en Russie. C'est alors que, après quelques mois de séjour, une bouffée délirante aiguë survint et l'obligea non seulement à revenir en France, mais à entreprendre un long parcours de soins psychiatriques. Ce constat m'accabla. Durant de nombreuses années, même quand je finis par savoir que je n'étais pas concerné par la schizophrénie, j'appréhendai les voyages de peur que cette fois ce ne soit le voyage de la folie.

Bien plus tard, j'ai finalement adopté le point de vue opposé. L'idée que, si le voyage peut être dangereux, une épreuve mentale, certes à des degrés très variables selon le voyage lui-même et celui ou celle qui l'entreprend, ses résultats bien exploités mentalement sont facteurs de stabilité intérieure. Beaucoup de publications de psychologie grand public – les autres me sont inaccessibles – recommandent d'avoir des pensées positives, une « positive attitude », comme le disait un personnage populaire il n'y a que peu d'années de cela, aujourd'hui sombré dans l'oubli. Peut-être par autisme, peut-être par cynisme, je ne parvenais pas à avoir de pensées positives au sens de la recommandation. Et que signifie l'épithète « positive » ? Des nombres avec un « plus » devant ? C'est alors que j'en ai imaginé une version personnalisée : au lieu de penser à des choses positives, j'allais penser à des lieux. Des souvenirs de voyages réels, ou des représentations mentales.

Tout comme chaque médicament a sa fonction, chaque représentation mentale de lieu a une autre mission. Au demeurant, cette idée se retrouve dans nombre de croyances non occidentales, qui associent par exemple un point cardinal à un concept ou une entité, phénomène très général qui a beaucoup préoccupé notamment Jung.

Je ne prétends pas qu'il y ait des lieux dont l'invocation ait une valeur universelle de médicament de l'âme, c'est plutôt à chacun de créer les siens ; mes propres choix changent avec le temps. A l'heure où j'écris ces lignes, si je devais esquisser des directions pour les besoins intérieurs du moment, je dirais que l'incarnation de la force qui me manque pourrait être la tempête de sable que j'ai vécue sur la route de Bam (entre Zahedan et Kerman). Que l'incarnation du calme dont je ressens le besoin face aux troubles du temps pourrait être ces heures passées un soir d'été à regarder du haut d'une falaise, les jambes dans le vide, un village berbère dans les montagnes d'en face, près de Matmata. Que l'incarnation de la chaleur qui réchauffe l'intérieur, qui n'est pas tout à fait la même chose que le lieu le plus chaud que j'aie visité, pourrait être la vue de la route qui sort de Dire Dawa en direction de la Somalie. Je me souviens qu'il y a quelques années le même rôle était joué pour moi par une image de pierres et de buissons que j'avais vus depuis une fenêtre de train, tout près de Marseille. Pour un frileux, amateur de radiateur soufflant même en été (et qui le fait tourner en écrivant ces lignes), quelle autre sensation pourrait être plus importante ? L'incarnation de l'avenir peut être certains couchers du soleil vus d'avion dont je reparlerai.

Sans oublier peut-être le plus central, mais le plus fuyant, l'incarnation de l'absolu. Aujourd'hui, l'absolu, dans toute son absurdité, est incarné par un lieu que je n'ai jamais visité, et que j'aspire à voir un jour du temps de mon passage ici-bas, tout en tremblant en imaginant la terrible désillusion que j'éprouverais si je me rendais en ces lieux : la mosquée bleue de Mazar-i-Sharif, en Afghanistan. Mentalement, le centre de l'Asie centrale, cette zone géographique qui représente un peu pour moi ce que furent les Indes pour Colomb. Pourtant, nulle croyance religieuse en cela. Simplement, une espérance profondément humaine. Mazar-i-Sharif. J'en rêverai sans doute toute la nuit qui commence.

Alors oui, je le redis, le voyage, au même titre que les médicaments sous une forme physique, devrait être remboursé par la Sécurité sociale. Je repense notamment à toutes les personnes autistes, qui n'ont commis aucun crime, et qui pourtant passent leur vie dans des établissements clos. Quels murs pourraient contenir leurs cris ? Quelle camisole chimique le scandale ?

Premiers voyages, premières aventures

Cependant, cela a commencé bien misérablement. Tous les voyants étaient au rouge pour ce qui me concerne, et selon toute vraisemblance ma vie aurait dû être plus sédentaire que la moyenne. Mes parents, anciens migrants plus que grands voyageurs, avaient certes fait un voyage, héroïque à l'époque, de l'est vers l'ouest de l'Europe. Ils ne sont pas pour autant de grands voyageurs : ils n'ont jamais quitté l'Europe, et ne sont pas même des binationaux, ni juridiquement, ni mentalement, puisqu'ils ne se reconnaissent plus dans le pays aujourd'hui dénommé République tchèque, bien trop différent de ce qu'ils avaient connu. Durant mon enfance, j'avais en revanche eu la chance de séjourner assez longuement en Suisse alémanique, avec des voyages réguliers, toujours sur le même trajet, entre France et Suisse.

À l'heure du passage de l'enfance à l'âge adulte, mes voyages se sont effondrés : n'étant plus sous la couverture sociale de mes parents, qui eux-mêmes avaient cessé de voyager, j'ai passé plusieurs années sans sortir de la banlieue sud-est de Paris. Durant mes années de lycée, la ligne 8 du métro parisien était pour moi la grande aventure. Parfois même, puisque je ne pouvais pas déjeuner à la cantine, et que le nombre de magasins où je pouvais acheter à manger sans être repéré du fait d'une trop grande régularité de mes fréquentations était limité aux environs du lycée, j'osais reprendre le métro à l'heure de midi et aller manger un peu plus loin en banlieue. Quel soulagement à mon retour. Les trois ou quatre stations de métro étaient comme un voyage au bout du monde. Aujourd'hui, on ne peut qu'en sourire, et c'est heureux. Si cela pouvait aider à montrer que

– je le crois – même les profils que l'on juge les plus éloignés du voyage y sont en vérité potentiellement plus qu'ouverts, ce serait encore mieux.

Aller plus loin ?

Dix ans plus tard. Je suis très excité ce matin-là. Levé de bonne heure, me voici à l'aéroport, entouré de gens bizarres. Puis, soudain, le voile de nuages se déchire. Après le bleu de la mer, apparaît une terre. L'avion atterrit à l'aéroport de Tunis-Carthage. C'est alors que je posais pour la première fois pied sur la terre d'Afrique. J'étais bouleversé. Ou cette autre fois où j'ai fait le fou, et suis parti à Tel-Aviv ; qui aurait pu soupçonner que ce bref voyage, qui au demeurant s'était assez mal passé, faute de compétences sociales, allait devenir un centre d'intérêt durable pour le Moyen-Orient ?

Aujourd'hui encore, je ne suis pas un grand voyageur. Assurément, je fréquente certaines destinations. Certains trajets me sont devenus évidents, et à certaines périodes de ma vie je prends ou prenais l'avion tous les jours, parfois même plusieurs fois par jour. Cependant, j'ignore tout de l'Amérique latine. Presque tout de l'Amérique du Nord : je ne suis jamais allé à New York. Ni en Australie et dans cette partie du monde. Pire encore : je ne suis jamais allé dans l'hémisphère Sud, bien que je m'en sois souvent approché. Et n'ai passé qu'une nuit d'escale en Espagne, autant dire rien.

Voyager reste donc difficile. Certaines choses, ami lecteur, qui sont peut-être évidentes pour vous, sont extraordinairement complexes pour moi. Ce soir, dans mon hôtel à Beyrouth, c'est la fête : j'ai réussi à manger seul au restaurant du même hôtel. Cela m'évitera d'avoir encore à manger les sardines, dégueulasses, que je transporte presque toujours avec moi dans ma valise. En revanche, ami lecteur, si vous avez besoin d'un guide dans plus d'un pays de l'Orient, comptez sur moi.

Faut-il se lamenter de ce que je n'ai pas vu, de ce que je ne sais pas faire ? Peut-être que non : cela signifie que bien du chemin m'attend encore.

Sous et jalousies.

Les leçons du voyage

C'était un jour d'été brûlant, un de ces jours où l'on sent à travers la semelle des chaussures la chaleur du bitume. Station de bus de la Liberté, près de la tour de même nom à Téhéran. Ce lieu, même quand on croit le connaître, affole par sa taille. A l'infini ou presque, juxtaposés, allées et places, grouillant de mille autobus, autocars, taxis et limousines, entre vendeurs et chauffeurs. Aussi, l'un des rares endroits de Téhéran où l'on peut entendre les gens parler essentiellement azéri – puisque la station dessert avant tout l'Ouest azérophone du pays.

Au milieu de la foule, un autiste occidental erre pour trouver son moyen de locomotion, espérant visiter la ville de Qazvin. Après moult tentatives, révérences, discussions, me voici sur un banc à attendre l'arrivée d'un taxi. Le prix affirmé, de 2 500 tomans, me laisse perplexe : est-ce une tentative pour m'arnaquer ? S'est-on moqué de moi en avançant un prix tellement faible que seul le benêt que je suis peut ne pas y voir une farce ? Un taxi, c'est un moyen de transport pour riches. Cela coûte des dizaines d'euros dès les premières minutes. Alors, moins de 2 euros

41

(valeur à l'époque de 2 500 tomans) pour presque deux heures de route, qu'en penser ? Une jeune femme assise à côté attend, elle aussi. Je suis très gêné : adresser la parole à des inconnus me pèsera toujours. Mais peut-être qu'elle représente la seule solution pour éviter un guet-apens. Aussi, je finis par lui demander si le taxi va bien à Qazvin et quel est le prix. Elle répond : 2 500 tomans. Me voilà rassuré. Enfin, pas tout à fait, car je crois avoir commis un impair, puisque la demoiselle, assise à côté de moi, n'a eu de cesse durant tout le trajet d'ajuster ses vêtements et de se reremaquiller. Le coup de massue est tombé quelques jours plus tard, en discutant avec mon ami et camarade de classe turc Mehmet. Il s'est moqué de moi, et m'a dit que je me suis fait avoir, car le prix réel du voyage était de 1 000 tomans seulement. Ou moins si l'on sait négocier.

Prendre le taxi, contrairement à ce que j'avais cru comprendre en bon Occidental, ne relève donc pas toujours du vain luxe. Hier matin encore, après avoir lourdement insisté parce que je tenais à prendre le bus, mon ami arménien m'a convaincu d'opter pour le taxi d'Erevan à Tbilissi. Je me raisonnais en me disant que ce ne pourrait pas être trop cher. Et pourtant, je craignais que l'on ne m'annonce, bien entendu trop tard, un montant hors de portée de ma besace. En fin de compte, j'ai payé 8 000 drams, soit peut-être 14 euros pour cinq heures trente de trajet international dans une voiture luxueuse. Un trajet où j'ai rencontré, en bord de route, un Australien tchécophone faisant le périple Biélorussie-Pakistan en voiture. Où les douaniers géorgiens, voyant mon passeport français, ont fait de leur mieux pour m'accueillir, utilisant toutes les tournures de bienvenue en français qu'ils connaissaient. En somme, voyager n'est pas toujours coûteux. En certains lieux, on peut même voyager gratuitement.

« Quelle est la profession de ce monsieur ? »
– le voyageur en tant que danger social

Avant-hier, *Le Figaro* a publié un article, avec en photo un visage inquiétant, sur un ressortissant franco-algérien arrêté dans les zones tribales du Pakistan il y a quelque temps déjà, et dernièrement transféré en France. Il était, paraît-il, en cours d'interrogatoire par les instances de la sûreté générale du pays. La rubrique dédiée aux commentaires des internautes, comme prévu, était assassine, au sens littéral du terme. Toutefois, ce qui m'a le plus marqué était le premier commentaire affiché. Une internaute écrivait à peu près ceci : « Quelle est la profession de ce monsieur ? Pour voyager ainsi il faut du temps et de l'argent. » Comme si le fait de voyager était encore pire que d'être impliqué dans le terrorisme, accusation première portée contre l'individu en question et motif de son arrestation.

La remarque de l'internaute était pourtant fort intéressante. Le voyage pourrait bien être l'une des activités les plus hostiles au monde tel qu'il se construit sous nos yeux. L'activité qui met en porte-à-faux les valeurs et principes sur lesquels est bâti l'appareil. Le pauvre en effet dispose du temps, mais pas de l'argent. Pour y remédier, il doit travailler beaucoup, et pour cela sacrifier son temps. Et quand on y regarde de plus près, ceux qui en apparence concilient les deux, à savoir notamment les voyageurs professionnels, n'entrent pas dans la catégorie du voyage tel que je le définirais. Partir pour un séminaire à Dubaï, y séjourner deux nuits dans un hôtel avec ses collègues, n'est pas un voyage à proprement parler. D'ailleurs, un sentiment d'amertume est tout ce qui se dégage des récits de tels voyageurs : je suis de ceux-là, hélas, pendant une trop grande partie de l'année.

L'idée de voyager peut agacer. N'est-il pas vrai que les Français réduisent leurs vacances du fait de la crise ? Dans cette optique, voyager souvent peut passer pour une sorte de vain luxe, un attribut des – pour parler comme dans les années 30 – riches oisifs, voire pour une provocation. Je pense d'ailleurs avoir une voisine d'immeuble, disposant pourtant d'un métier fort correctement rémunéré (peut-être cinq fois plus que moi), qui semble assez chiffonnée par mes voyages ; chaque fois que je la croise, ses questions abordent indirectement les aspects financiers. Transporterais-je quelque chose ? Porterais-je des « messages » ? Quelle puissance occulte m'envoie ainsi en mission ? La réponse pourrait bien la décevoir. Tout comme cet ami, ancien policier, qui ne conçoit les contacts avec, par exemple, les Iraniens ou les Israéliens que comme des rendez-vous d'espionnage plus ou moins maquillés.

Le ressentiment face au coût

Bref, quand il est question d'argent, tout dépend de ce que l'on entend par voyage. Si une famille part, au hasard, sur la Côte d'Azur pour une semaine, le total des frais de voiture (qu'à Dieu ne plaise de prendre le TGV), des nuitées d'hôtel à un prix fabuleux, des frais de bouche, est effectivement astronomique. Et si la même famille se dit que ce n'était « que » un voyage en France, inévitablement elle aura les plus grandes frayeurs à envisager un voyage plus lointain. Posée en ces termes, l'équation est redoutable.

Elle l'est encore plus si l'on considère les voyages organisés. Quelques jours en Ouzbékistan pour une famille peuvent ainsi coûter une somme en euros à cinq chiffres. Les voyages de durée équivalente au Canada ou même dans des pays moins développés économiquement tels que l'Inde peuvent être encore plus chers. Dans un tel cadre, voyager tout le temps semble réservé à une élite richissime, plus restreinte encore que les propriétaires de voitures de grand luxe, et surtout n'ayant strictement rien d'autre à faire de sa vie.

Ce sentiment, ou plutôt ressentiment, n'est pas nouveau en soi. Mes parents m'ont souvent raconté que, dans l'ancien bloc de l'Est, le voyageur international était perçu comme le profiteur ultime, l'archisalaud, qu'à la fois on enviait de toutes les fibres de son être tant le besoin de voyager était universellement présent, et qu'on haïssait dès que l'on songeait à quel type de poste dans le Parti il devait être pour se le permettre : d'ordinaire, même les apparatchiks qui semaient la terreur dans leur entourage ne pouvaient au mieux qu'aller pour quelques jours en Yougoslavie. Mon père, entre autres histoires, m'a confié qu'une fois, portant une cravate avec un insigne occidental, il s'était assoupi dans le tramway, pour constater à son réveil que quelqu'un lui avait coupé cette bien dérangeante cravate. Une autre fois, on lui avait volé une valise portant des autocollants étrangers. Certains provocateurs se plaisaient à ponctuer leurs phrases dites à voix haute dans les transports en commun d'expressions destinées à faire hurler leurs camarades de trajet : « Mais j'ai vu la même chemise la semaine dernière à Oslo » ; « Désolé, je suis encore un peu fatigué, ce trajet depuis Londres m'a épuisé ». Parfois, de petites émeutes éclataient.

Epoque révolue et oubliée, dira-t-on. Pas tout à fait. Car si, assurément, dans nos sociétés occidentales, voyager est devenu bien plus aisé du fait de la moindre lourdeur des procédures, le voyage reste associé dans les mentalités à certains critères de distinction sociale, notamment l'argent. Les papiers de l'époque soviétique trouvent leur pendant dans les billets de banque. Quitte à exagérer mentalement le facteur financier. A titre personnel, j'ai pu constater dans les conférences et autres discussions à quel point toute allusion au mot « Martinique » faisait de l'effet sur les gens et m'attirait parfois des remarques envieuses analogues à celles que l'on formulerait à l'égard de fort riches personnages, alors même que, objectivement, la quasi-totalité de ceux qui poussent ces petits cris pourraient s'offrir sans difficulté particulière, certes moyennant quelques précautions, un voyage à la Martinique. La plupart des ordinateurs vendus dans le commerce coûtent ainsi bien plus cher que le billet d'avion. Aller une fois par semaine au cinéma engendre au bout d'une année une dépense du même ordre de grandeur.

Par ailleurs, et quand bien même on aurait tendance à l'oublier vu d'Occident, la question des papiers demeure cruciale, au moins autant que dans les temps soviétiques, pour la plus grande partie de l'humanité. Dans beaucoup de régions du monde, évoquer les voyages fait penser immédiatement aux visas, passeports et autorisations ; l'argent est considéré comme secondaire, une difficulté que l'on pourra résoudre quoi qu'il arrive. D'ailleurs, cet état d'esprit est sans doute lié à la plus vive présence des valeurs d'hospitalité et d'accueil du voyageur : certains, en Asie centrale par exemple, pensent qu'il suffira, à leur arrivée à Paris, de sourire à n'importe qui dans la rue pour qu'il leur offre gracieusement ou presque le gîte et le couvert. Je repense à cet artiste de rue, absolument remarquable sur le plan artistique, très au-dessus de ce que font les portraitistes en général à Paris, avec qui j'ai passé quelques heures à Yerevan, en Arménie, et qui s'agaçait de ne pouvoir venir en Europe faute de visa ; il y a vu l'arbitraire le plus total, a protesté en disant que l'Europe admettait bien de jeunes délinquants de pays tiers, mais l'idée que son visa lui ait été refusé parce qu'il ne disposait pas des moyens financiers suffisants ne lui a pas traversé l'esprit : une fois qu'on y est, comment ne pas se débrouiller, même sans le sou ? Le pire est que, sans doute, vu ses compétences, il avait raison.

Voyager pas cher et économiser

Mes amis aventuriers voyagent autrement. Pour aller en Asie centrale, vous pouvez, avec un peu d'expérience de la chose, trouver une compagnie aérienne russe (ou baltique, suivez mon regard) pour quelques centaines d'euros. Les voyageurs purs et durs y vont en train voire en bus, à travers l'Allemagne, la Pologne, la Russie, le Kazakhstan, etc. ; je ne peux qu'en rêver... Une fois sur place, au lieu d'être cantonnés dans un bus touristique avec un guide grassement payé et qui vous montrera les deux-trois tartes à la crème locales, demandez simplement aux gens s'ils connaissent un hébergement. Une chose est sûre : on ne vous laissera pas dormir à la belle étoile – et quand bien même ce serait le cas, ce pourrait être une expérience qui marque à vie, face au ciel étoilé. Peut-être que vous tomberez sur cette dame âgée de Boukhara, qui vous accueillera comme son enfant, vous préparera mille plats, et à la fin vous devrez insister pour qu'elle prenne de vous une modeste somme. Avec elle, vous en apprendrez bien plus sur cette ville qu'avec n'importe quel guide touristique commercial. Dans d'autres villes d'Asie centrale ou du Moyen-Orient, il est possible de dormir gratuitement dans des mosquées.

Il ne faut pas croire d'autre part, comme cela est trop aisément dit en Occident, que voyager pour peu cher serait automatiquement synonyme de torture ou du moins d'inconfort. Souvent, la nourriture locale est bien moins chère que la nourriture importée, ce qui ne fait pas d'elle une source de déplaisir, au contraire. Une histoire plaisante et proche de nous peut contribuer à réfuter certaines idées reçues : ainsi, si vous prenez le TGV Paris-Nice hors vacances scolaires et hors week-ends, ne vous avisez pas, si vous n'avez pas le profil idoine, à voyager en première classe. A plusieurs reprises, des organisateurs d'événements m'y ont fait goûter, pensant que j'apprécierais un confort accru. Lourde erreur. Le contrôleur, presque toujours, voyant que j'étais beaucoup trop jeune pour être un jour ordinaire en première classe de TGV vers la Méditerranée, a pensé que j'étais assis là au mépris du droit, me disant par exemple : « Votre billet, si vous en avez » – comme s'il allait de soi que j'en fusse dépourvu. Puis, il l'a plus d'une fois examiné longuement et sous toutes les coutures, comme pour démasquer un faux, le rendant avec un soupir résigné. Le plus souvent, les gens assis à côté de vous se lèveront, parfois en grommelant : « Il va sans doute mettre de la musique. » Et immanquablement, soit on vous demandera de soulever une multitude de valises, soit on ne vous le demandera pas et vous indiquera la tâche en vous tapant sur l'épaule, ou encore on murmurera : « De nos jours, plus personne ne vous aide à monter les valises. » En somme, si vous êtes trop jeune, faites des économies même quand vous ne payez pas le billet, évitez la première classe des TGV depuis ou vers la Côte dite d'Azur : vous gagnerez en confort en seconde classe.

Ne parlons même pas des aéroports. Parfois, il faudrait être masochiste pour payer plus. Pour beaucoup, Dubaï est associé à la démesure du luxe ; par conséquent, quel meilleur endroit, pense-t-on, que l'aéroport de Dubaï ? En apparence, rien de plus vrai : les signes de luxe n'y manquent pas, des moquettes aux panneaux publicitaires high-tech, ce que le passager-client paie naturellement au prix fort au moment de l'achat du billet. Je pense pourtant que l'aéroport voisin, largement ignoré, de Sharjah est bien supérieur. Sharjah est à Dubaï un peu ce que Beauvais est à l'aéroport de Roissy, la distance en moins : situé à quelques kilomètres à peine de Dubaï, Sharjah est bien moins cher grâce à la présence de compagnies low-cost fiables. Bref, Sharjah n'est pas un aéroport « chic ». Le confort est sommaire, et ne comptez pas sur la high-tech.

En général, la comparaison s'arrête là : pour plus de confort, il faut payer plus et aller à Dubaï ; ceux qui paient moins auront un aéroport « moins bon ». Voilà une version fort erronée. Sharjah, indépendamment du prix, surpasse largement Dubaï. Vu que l'aéroport est plus petit, paradoxalement, les choses se passent mieux en général : là où on peut facilement perdre deux heures à l'immigration à Dubaï, à Sharjah on attend rarement plus de trente minutes. Les kilomètres de couloirs à parcourir n'existent pas à Sharjah. Les bagages arrivent plus vite. Quasiment dès la sortie de l'aérogare, vous êtes face à un paysage naturel local. Et observer vos camarades de voyage, majoritairement des travailleurs migrants du Bangladesh ou d'autres pays voisins, écouter leurs rêves et échanges sera un temps particulièrement enrichissant. Qui sait économiser gagne beaucoup.

Ce n'est pas tout. Le phénomène est bien connu, du moins de la presse américaine : les compagnies aériennes « avancées » réduisent le plus possible l'espace dévolu aux voyageurs, autour et devant les sièges. Par suite, les compagnies « optimisées » offrent des conditions de vol plus difficiles que les compagnies à l'ancienne école. Certaines compagnies ultra-low-cost, qui ne peuvent changer souvent d'avions, je pense par exemple à une compagnie low-cost roumaine, proposent un confort de vol parfois supérieur à des compagnies régulières de type Air France. Et si vous osez prendre des compagnies blacklistées ou autrement mises à l'écart, à l'instar des iraniennes, vous serez dans des avions anciens, avec un grand espace à vous, sans même évoquer la courtoisie du personnel, lui aussi à la vieille école et enchanté d'accueillir pour une fois des Occidentaux. Une chose est sûre : vous ne repartirez pas sans au moins deux numéros de téléphone de nouveaux amis.

Avant de clore cette longue liste, un dernier exemple. Les deux attractions les plus connues à la périphérie de Bakou sont le temple du Feu (Ateshgah) et Yanar Dagh (lieu où sortent de la terre naturellement des flammes, offrant une vision infernale au sens premier). Toutes sortes de compagnies vous proposeront des excursions en taxi vers ces lieux, pour plusieurs dizaines d'euros au moins. Gardez-vous bien d'en profiter. A la place, prenez le métro et les bus, pour un prix total inférieur à un euro. Vous aurez en prime une expérience inoubliable des bus locaux, des routes dévastées, des vraies gens de l'Azerbaïdjan, loin de la cage dorée du front de mer au centre de Bakou, mais tellement plus près du cœur.

Mieux encore : en voyageant, on peut réaliser des économies. Non, il ne s'agit pas d'une variante du slogan usé jusqu'à la corde des commerçants : « promotion sur les chaussettes aujourd'hui, achetez-en pour économiser ». L'économie peut être réelle, non par rapport à une autre dépense plus importante d'un voyage plus coûteux, mais par rapport à la seule situation sans voyage. Par exemple, un habitant des grandes villes paie tout cher, extraordinairement cher au regard du prix réel des choses. L'hiver dernier, en allant en Iran, j'ai pu louer une chambre pour environ 60 euros par mois, acheter à manger sans regarder les prix et en ayant tant d'articles que je peinais à porter le tout pour 5 euros. En fin de compte, billet d'avion inclus, j'ai dépensé en un mois et demi moins que si j'étais resté en France. Beaucoup d'érémistes l'ont compris, eux qui partaient trois mois, durée maximale permise par l'Etat français, par exemple en Inde : alors que leur revenu d'insertion était à peine suffisant en France, ils pouvaient payer le billet et vivre fort correctement sur place durant toute cette période. D'où un certain nombre d'escroqueries et de faux résidents, mais cela est une autre histoire.

Déstabiliser le mythe de l'argent

En évoquant ces sujets, il n'est pas dans mes possibilités de dresser un guide complet du voyage pas cher, dans tous ses trucs et astuces. Pour les détails pratiques, on pourra se référer à divers sites Web spécialisés, dont, pour citer à dessein l'un des plus provocateurs et misérabilistes, le Guide du Zonard.

Evoquer les économies ici est plus qu'une astuce comptable pour soulager son compte en banque : il s'agit d'une stratégie réfléchie pour se débarrasser intérieurement du primat de l'argent. Le voyage bien compris est l'un des outils les plus efficaces pour ce faire. D'une part, en entrant en contact avec des gens pour qui il n'est pas valeur suprême : le simple fait d'être en présence, durant un temps prolongé, de personnes qui n'ont pas l'optimisation bancaire en tête en permanence, et de s'apercevoir que leur système culturel et social est, quoique différent du nôtre, tout à fait viable, ne peut laisser indifférent.

Saint-Martin-d'Hères, près de Grenoble, un matin d'automne, à l'heure où le soleil n'est pas encore apparu sur la barre rocheuse, et où, comme sur une peinture chinoise, les brumes coupent la montagne à mi-flanc. Mon hôte, un monsieur d'un certain âge à l'extrême gentillesse, évoque pour moi ses années de travail dans le domaine social. Il y a quelques décennies, les enfants placés étaient en priorité logés dans des familles de paysans. Or, ces familles s'étonnaient toujours à l'idée que les autorités leur proposent pour chaque enfant une allocation journalière. Pourquoi se faire payer quand on héberge et nourrit un enfant ? Les années ont passé. Aujourd'hui, la question financière est la première que posent les familles d'accueil potentielles. Assurément, voilà une petite histoire comme on pourrait en conter d'autres. Trop, justement.

D'autre part, le voyage permet d'interroger la notion de valeur, tant par la confrontation avec des systèmes de valeurs différents que par l'invitation à repenser les siens. L'un des meilleurs exemples est la situation immobilière : ce qui crée la valeur d'un bien, et donc qui oblige à des décennies de servitude le travailleur ordinaire pour qu'il puisse se l'approprier, n'est en définitive rien d'autre que le système de valeurs prédominant dans un cadre culturel donné. Une maison en bord de mer a un prix extravagant sur la Côte d'Azur ; une maison similaire, également en bord de mer, dans un cadre naturel en tout point comparable sinon bien plus préservé, coûtera infiniment moins en Albanie. Le temps pour y accéder peut être du même ordre de grandeur, sachant que l'avion n'est pas ou plus tellement plus cher que la voiture ou le train. A qui donc souhaite acheter une maison en bord de Méditerranée, le voyage procurera de grands avantages : il saura que d'autres plages chaudes existent que celles près de Nice ou de Marseille, et pourra s'épargner des années de labeur. Je suis par exemple très frappé que les époux Balkany, à qui nul rouage de pouvoir ne garde de secret, qui disposent de moyens pouvant paraître illimités, soient condamnés à vivre dans un univers si étroit : la carte de leurs luxueuses propriétés, d'Europe aux Antilles, dessine les limites de l'usage de la langue française.

Des congés payés au dévoiement de l'idée de voyage

Quand en 1936 les Français eurent enfin droit à des congés payés, ce fut une révolution. Bien trop tardive, soit dit en passant. Et bien limitée, funestement limitée. On voulait à juste titre libérer les prolétaires opprimés, mais qui aurait pu penser que, en l'espace de quelques décennies, ce cadre, au lieu d'être porteur d'évasion, allait encore plus enfermer ? Loin de moi l'idée de blâmer le gouvernement d'alors pour cette mesure ; après tout, elle a été adoptée à peu près dans tous les pays développés. Mon idée est plutôt de percevoir les effets regrettables à long terme d'une mesure nécessaire en son temps.

Précédemment, le voyage s'inscrivait dans un cadre temporel peu déterminé. Il était le fait d'aventuriers qui revenaient un jour ou ne revenaient jamais, de militaires dont le sort n'était guère différent, de quelques artistes et écrivains orientalistes, au sens le plus large du terme, qui partaient pour une ou plusieurs années. Les voyages les plus encadrés sur le plan temporel étaient ceux des marchands ; toutefois, même dans leur cas, les incertitudes étaient nombreuses, y compris pour les trajets que l'on pourrait juger les plus courts et prévisibles, par exemple à travers la Méditerranée. Avec l'idée de congés payés, le voyage ne peut durer qu'une semaine, deux ou trois tout au plus. Les voyages longs sont devenus ultra-minoritaires, l'apanage au plus de quelques étudiants ou marginaux. Les gens « bien » n'errent plus à travers le monde. La jeunesse de bonne famille d'Europe ne fait plus de « grand tour » comme il y a trois ou quatre siècles : tout au plus quelques week-ends hautement codifiés.

Plus vicieux et subtil, au-delà de la limitation temporelle, le voyage a été sommé de perdre sa nature subversive. Si l'aventurier d'antan ne pouvait savoir quand il serait de retour, il ignorait même si et sous quelle forme il allait l'être. Au contraire, les congés payés à la 1936 sont une parenthèse enchantée suite à laquelle les choses doivent reprendre comme avant, peut-être un peu mieux, espère-t-on, grâce à la disparition illusoire de la fatigue accumulée. Le voyage devient donc une caricature de processus de bien-être ou de salubrité sociale : la force de travail fatiguée pourra se régénérer durant quelques jours d'interruption. L'enjeu premier est la conservation de la situation sociale, du statut et des habitudes précédemment établies ; le voyage doit les conforter et non les remettre en question. De là en partie le souci croissant de la sécurité des destinations, dont nous reparlerons. Sur le plan symbolique, l'intégration du voyage dans un cadre professionnel se traduit par le caractère payé des congés : le salaire continue à être versé, comme si la personne demeurait à son poste. Assurément, sur le plan pratique, disposer d'un peu d'argent est nécessaire pour entreprendre la plupart des voyages, et il serait absurde de priver les salariés précaires de leur maigre pitance durant le temps des congés. Cela dit, encore une fois, cette considération pratique ne saurait occulter toutes ses implications.

Egalement, les congés payés ont considérablement réduit la gamme des destinations. L'affirmation peut paraître étrange, pourtant je crois que jamais les voyages réalisés n'ont été aussi conformes à des schémas préétablis – avec certes une palette de schémas plus large que précédemment. Désormais, les déplacements doivent être régis par la loi de la sécurité (ce qui exclut la plus grande partie du monde), doivent être réussis c'est-à-dire répondre à la planification, et doivent être reposants (ce qui exclut les destinations novatrices sources de stress ou de travail mental). D'autre part, étant donné leur brève durée et leur nature planifiée, les voyages ne rompent plus avec le cadre familial : au contraire, les voyages sont perçus comme le temps de l'affermissement des liens familiaux, notamment conjugaux, et les visites incontournables au reste de la famille en leurs résidences secondaires, lesquelles s'imposent *ipso facto* comme destinations imposées aux vacances.

En somme, le voyage lors des congés modernes entretient le même lien avec le véritable voyage que le lion du *Roi Lion* avec un lion authentique. Il faut dire qu'il y a là une longue tradition, avec par exemple les jardins de Versailles qui sont une parodie de la nature, destinée à mettre en évidence non point la nature elle-même, mais son contraire, à savoir comment elle a été domptée par un jardinier, tout en privilégiant une végétation basse qui n'occulterait pas les grands personnages en promenade. La conséquence en est évidente : nombre de mes amis ont une grande hâte de retourner au travail, notamment vers la fin de leurs vacances. Comme le montrent les études, les périodes de plus fortes tensions familiales sont les fêtes de fin d'année, qui devraient en être autant des piliers que l'apothéose. Les impératifs pesant sur le vacancier sont autrement plus redoutables encore que ceux imposés au travailleur.

Du voyage à la frustration

Durant quelques années, j'ai reçu régulièrement par courrier un magazine destiné aux fonctionnaires municipaux parisiens dont je n'ai jamais été du nombre, et présentant des offres de vacances à prix réduits car financés en partie par les pouvoirs publics. En apparence, rien de plus noble : tout est fait pour que même les plus pauvres des employés aient le droit à partir en vacances. Je ne peux que partager ce but.

C'est le contenu du magazine qui est inquiétant. En tout et pour tout, après des dizaines de pages de séjours à la mer ou dans les montagnes françaises, il n'y a que deux pages au plus consacrées à l'étranger. Et quel étranger : deux ou trois hôtels en Tunisie, les fameux complexes bâtis il y a quatre décennies, ghettos à étrangers coupés du monde en bord de mer, où l'on ne peut qu'attendre que le séjour se finisse, et qui sont si peu chers avant tout parce que plus personne ne veut y aller. Au mieux, une option pour un établissement du même acabit en bordure d'une autre mer chaude.

De telles vacances ne peuvent qu'être frustrantes. Susciter des réactions névrotiques multiples. Il est hautement paradoxal que la France dispose de congés payés aussi longs par rapport à d'autres pays, aussi sacralisés (je pense notamment aux vacances d'été, bien que le mythe se soit quelque peu effrité dernièrement), et aussi insatisfaisants à tous égards. L'explosion survient lorsque, derrière le rêve de droit universel aux vacances, le couperet tombe : plus de crédits disponibles cette année pour vous, désolé, Madame, Monsieur, vous devez payer le prix plein pour le voyage que vous avez réservé. Ou tout autre couac administratif, personnel – non, votre agence de voyages ne peut vous garantir tout à fait le soleil durant vos cinq jours de séjour, ni l'absence de diarrhée, ni la satisfaction du petit dernier de la famille. Encore moins l'absence de retards et de grève des moyens de transport.

En somme, un tel voyage, même le mieux balisé, ne remplit pas sa mission comme prévu. On invoquera le mauvais sort, en espérant que l'année suivante tout se passera enfin mieux. Sans même envisager que l'échec des plans que l'on avait si soigneusement élaborés était un signe du voyage véritable qui se rebelle, prêt à nous offrir mieux que le carcan dans lequel nous nous enfermons en croyant l'y soumettre, lui.

Comment préserver le système ?
La lutte contre le voyage de masse et la jalousie

Dans le processus de dévoiement du voyage, ou si l'on veut de sa négation pure et simple (le dévoiement en tant qu'écart à la voie ne doit pas faire oublier que la voie, *via*, est la racine du mot voyage), il faut plus que la force brute pour faire oublier le voyage premier. Des différentes astuces existant pour ce faire, j'en mentionnerai deux : celles que l'on pourrait appeler la lutte contre le voyage de masse et la jalousie.

De nos jours, quelle agence de voyages propose un tourisme de masse ? L'expression est devenue un repoussoir absolu. Au contraire, tous multiplient les superlatifs exclusifs pour qualifier leur offre. Chacun propose de « sortir des sentiers battus », faire vivre une « expérience authentique » dans un « lieu préservé », dépayser et ressourcer, et que sais-je encore. Il convient de se démarquer à tout prix du tourisme de masse. Il y a quelques années, un colloque international avait été organisé à Libreville sur la manière de préserver l'héritage de l'Unesco du tourisme de masse. Par esprit de provocation, j'avais envoyé une proposition sur les ravages dus à l'absence de tourisme sur bien des sites historiques, notamment en Iran ; la proposition fut acceptée, mais finalement je ne m'y suis pas rendu – à ce jour, j'ignore si j'ai bien fait ou non. En somme, le tourisme de masse est l'ennemi honni de tous. On peut donc d'autant plus facilement s'y adonner.

Je ne pense pas que le concept de tourisme de masse doive nécessairement être tenu pour un tel repoussoir. L'affirmation est sans doute paradoxale de la part de qui recherche la moindre foule en toute circonstance. Le plus dangereux à mes yeux n'est pas la simple hausse du nombre de touristes, tant il existe dans le monde d'endroits à visiter ; ce serait plutôt la restriction croissante des lieux visitables. La lutte contre le tourisme de masse est un phénomène élitiste et conservateur lorsqu'il s'agit simplement de se démarquer des autres tout en faisant, en vérité, la même chose que les autres. Ce serait un combat noble si l'énergie déployée visait à élargir la gamme, sans cesse plus contrainte, des possibles. Il faudrait en particulier lutter contre la spécialisation aréale, qui suit largement les lignes de fractures coloniales : ainsi, la Namibie est une destination omniprésente dans la presse et l'imaginaire anglophones, mais presque absente de leurs homologues français ; pour le Maroc, la situation est inversée. Lutter contre le tourisme de masse ne consiste donc pas, du point de vue d'une agence anglaise, à inventer un circuit exclusif en Namibie. D'autre part, il faudrait s'opposer au dogme de plus en plus pesant de la sécurité – nous y reviendrons plus en détail.

Autre pilier du dévoiement du voyage : le sentiment de jalousie. Comme pour tant d'autres choses de la vie, l'échec en matière de voyage est attribué, non point au schéma général qui contraint nos choix, mais à tels ou tels errements individuels. Le voyageur, ou se croyant tel, une fois de retour en sa demeure, aura l'impression d'avoir raté ses vacances parce qu'il a fait ceci ou cela qu'il ne devait pas faire ; à l'inverse, il ressentira vivement un sentiment de jalousie envers son voisin qui, lui, une fois de plus, a parfaitement réussi ses vacances. Au demeurant, lors des rares rencontres avec le voisin que nous ménage la vie moderne, ledit voisin mettra largement en avant dans sa rhétorique ses vacances réussies. Réussir son voyage est devenu une étiquette sociale enviable, un peu comme disposer d'une belle voiture et d'une grande maison. Chacun devra, avant les vacances prochaines, mettre en place des stratégies pour s'épargner l'humiliation sociale : économiser plus d'argent pour le dépenser de la manière la plus folle et compulsive au moment donné, essayer à tout prix, en lisant des guides tirés à des millions d'exemplaires et qui proposent des itinéraires exclusifs « hors des sentiers battus », d'apprendre et de suivre à la lettre des dizaines d'instructions sur ce qu'il faut faire et ne pas faire pour... votre bien-être, votre sécurité, et un voyage réussi, cela va de soi.

En tout cas, en luttant verbalement contre le tourisme de masse et en ayant intégré l'idée que l'échec socialement perçu comme tel est toujours notre faute, nous voilà prêts à renforcer encore le voyage de pacotille.

Les quatre leçons du voyage

Le voyage en somme est un lent professeur de vie. Tel un maître indien, il ne dispense qu'au compte-gouttes son savoir, à qui sait l'attendre patiemment. De ses leçons, quatre pourront être évoquées ici.

Premièrement, ni l'argent ni la « rationalité » moderne ne sont tout. Oui, dans beaucoup de pays, on peut vivre avec rien ou presque. Ces gens sont-ils idiots ? Je défie quiconque de le penser. De vouloir, comme des décennies de régime colonial l'ont fait, et dernièrement les instances internationales, les modifier en conséquence. Surtout quand on songe que l'irrationalité des pratiques économiques est bien plus présente en Occident, soigneusement dissimulée dans les administrations et entreprises. Ainsi, sachez que l'argent ne vous achètera pas un beau voyage, surtout si vous en avez à millions. Plus vous en investirez dans un séjour de luxe, plus mécontent vous rentrerez. C'est pourquoi les grands de ce monde voyagent si peu... même en passant leur vie dans des jets privés.

Deuxièmement, le renoncement est la clef de tout voyage. Penser que le voyage pourra améliorer les schémas existants, améliorer votre vie sous sa forme présente est un non-sens ; si l'on espère retrouver tout ce que l'on a, matériellement, socialement et humainement, tel quel au retour, autant rester chez soi, en multipliant comprimés et bouteilles vides. Voyager vraiment, c'est renoncer. Risquer. Ignorer la date du retour, tout comme ses modalités.

Troisièmement, il ne faut pas espérer voyager sans effort personnel. Oui, on peut être malade des semaines avant un voyage : c'est bon signe. Celui des voyages fructueux contre les névroses. Le voyage est la lente école de la solitude et de la fragilité.

Enfin, fuyez la planification. Fuyez les guides, véritables dictateurs de bus, pour reprendre la phrase d'un ami guide de profession, même quand ils ont un grand cœur. Leur aide est tentante, nécessaire parfois. Mais sépare d'autant de ce que l'on cherche.

Pourquoi et comment
ne faut-il pas voyager

« Qui visite un pays en ignorant
sa langue n'a rien visité. »

Devise du site www.lexilogos.com

Ulysse ou le voyage utilitaire

« Heureux qui comme Ulysse... » Tous les écoliers
ou collégiens français ont, je le crois, appris ces vers de
Joachim du Bellay. Il serait, en vérité, dommage de ne
pas les connaître. Mais la seule beauté poétique pourrait
ne pas être le véritable motif de leur place au programme
scolaire. Ces sous-entendus sociaux et politiques lourds
de sens ne me sont devenus manifestes qu'avec le temps.
Passons ici sur la dimension patriotique : le poème est
en effet bâti sur la nostalgie du voyageur pour sa terre
natale, chose fort compréhensible et que tous les enseignants mettent en lumière dans leurs cours. L'état d'esprit de l'Ulysse dépeint par le poème est en revanche
passé sous silence. Ulysse a su revenir parmi les siens
riche des fruits de son voyage et, par l'image de la
Toison d'or, la finalité de tout voyage réussi se trouve
ainsi résumée : « Heureux qui, comme Ulysse, a fait

63

un beau voyage, / Ou comme cestuy-là qui conquit la toison, / Et puis est retourné, plein d'usage et raison, / Vivre entre ses parents le reste de son âge ! » En somme, le voyage de l'Ulysse idéal est le voyage utilitaire : celui qui permet d'acquérir argent, mais également bonheur. Un militaire anglais – que l'on me pardonne de ne plus retrouver la référence exacte – avait formulé les choses de manière encore plus nette : les Indes ne sont pas un pays, mais une carrière.

Peut-être que l'exemple le plus caricatural du voyage utilitaire est l'icône même des voyageurs, l'équivalent au voyage de ce qu'est Einstein à la science : Marco Polo. Le choix me paraît malheureux. Sans doute faut-il y lire une disposition culturelle, celle d'une Venise, puis d'une Europe, en passe d'amasser les trésors à travers le monde et, par là même, en faire son propre but – ou fardeau. Revenu chargé d'or, et regrettant à longueur de pages d'avoir dû en laisser plus encore sur place, Marco Polo a été à juste titre moqué par ses contemporains mêmes : caricature du personnage fanfaron, y compris par rapport aux standards de son époque, on le surnommait « Monsieur Millions », puisque tout ce qu'il rapportait était démultiplié par des nombres avec beaucoup de zéros, des qualificatifs pompeux tels que « moult grandissime ». De l'arrogance vint la défiance, qui pèse sur sa crédibilité jusqu'à nos jours. Je me souviens du jour où, dans une bibliothèque allemande, j'ai pour la première fois eu entre les mains le *Devisement du monde* : j'avais aimé le français très particulier du texte, le style extravagant, l'aventure omniprésente dans le récit. A présent, si je ne doute pas de ces points, me voilà dubitatif quant au message.

D'autres grands voyageurs ont pris dans mon estime la place du Vénitien, par exemple Ibn Batouta, qui voyageait sous l'empire d'une profonde quête d'absolu, pèlerinage à La Mecque d'abord, autre chose ensuite, qui fuyait les honneurs et hautes fonctions, qui a bravé mille dangers, et qui dans ses récits privilégie la juste description à l'exagération pompeuse. Ne l'ayant bien entendu pas connu, je ne sais ce qu'il garda précisément de tant de pérégrinations ; mais ce fut probablement un bien autrement plus précieux que l'or de Marco Polo.

Le voyage pour découvrir ses racines

C'était en l'un de ces jours qui durent littéralement des semaines, où le soleil touchant à peine l'horizon remonte aussitôt. Au plus haut de l'été, avec des températures atteignant, chose notable, les 9 °C, après avoir marché des kilomètres pour économiser une note de taxi qui m'aurait ruiné, je poussai les portes d'une immense salle, déjà pleine, à l'université d'Akureyri, en Islande. Rien ne me prédisposait à participer à ce congrès d'études arctiques, moi qui plutôt arpente le Sud-Est et ses déserts brûlants. Défilé de grands spécialistes, le visage buriné pour beaucoup par plusieurs mois dans des environnements extrêmes. Interventions de personnes venues de l'autre bout du monde, de là où la Russie, devenue Sibérie, se termine, au-delà des immenses fleuves, au-delà des terres des Evenks et des Nénètses, plus loin encore que Yakoutsk dont les hivers font passer le Canada pour une station balnéaire, là où ne mène pas même la sinistre « route des os », le pays des Tchouktches.

Un intervenant scandinave, selon son passeport comme, j'oserais dire, son apparence, yeux bleus, cheveux blonds, forte stature, évoquait un sujet un peu étrange vu de France : les recherches génétiques pour tenter de deviner l'origine géographique de telle ou telle population. Plutôt que de faire un discours théorique en guise d'introduction, il a cité son cas personnel : en bon savant, il a appliqué à lui-même le test. Silence dans la salle : il demande de deviner d'où sont, selon les résultats, issus ses ancêtres. Norvège ? Finlande ? Faux. Ce serait ce qu'il a appelé la « connexion Al-Qaïda », à savoir l'Afghanistan. Eclat de rire général. La démonstration était déjà faite.

Souvent, quand en France ou ailleurs, du moins dans les pays ayant une notable tradition d'immigration, on s'inscrit dans des cours de langue, nombre des débutants viennent pour « redécouvrir leurs racines ». En cours d'hébreu, d'arabe, de berbère, etc., vous aurez un bien plus grand nombre de noms et prénoms typés qu'ailleurs, à tel point que bien des fois je me suis retrouvé comme le seul « anormal » de la classe, et que l'on me demandait en boucle si j'avais épousé une fille de ces régions-là ou si je comptais me convertir prochainement à telle ou telle religion. Par moments, troublé, j'avais envisagé dans mes fantasmes l'interdiction aux ressortissants de tel ou tel groupe de suivre à l'université le cursus de langue ou de religion correspondant à leur origine familiale ; au demeurant, cela se pratique en certains lieux, par exemple à Hong-Kong, où l'université locale limite très fortement l'accès des moines bouddhistes aux études bouddhistes. Puis, je me suis résigné : dans un tel cadre, l'enseignement ne pourrait tout bonnement pas se perpétuer. L'être humain tient par trop à ses origines, réelles ou imaginées.

Toutefois, il est manifeste que l'attachement à ces schémas ne peut que réduire drastiquement le nombre de découvertes. Quel intérêt y a-t-il, année après année, à passer toujours les vacances à l'endroit d'où on est supposé provenir ? Cet intérêt est-il celui de la découverte ? Parmi mes anciens camarades de classe parisiens, des dizaines se rendaient plusieurs fois par an en Israël. Certains étaient de véritables experts « du Pays » (en hébreu, on dit souvent non pas « Israël », mais *ha-arets*, littéralement « le pays »), connaissaient chaque ruelle ; pourtant, je me souviens encore de leur stupéfaction quand j'avais évoqué devant eux l'idée de visiter les *shtachim*, les « Territoires » (palestiniens) : ils n'y avaient jamais mis les pieds, trouvaient cette idée totalement déplacée. Et ce alors même que parfois ils n'en étaient séparés que de l'épaisseur d'un mur ou d'un grillage. D'autres amis, d'origine tunisienne, se rendent régulièrement en Tunisie ; mais aller en Algérie est considéré comme une idée scandaleuse ; et quand je suggère que l'Estonie est également un très beau pays qui leur plairait, on pense que l'heure de mon accès de folie est venue.

Le voyage pour découvrir le pays idéal

Quelque part entre deux montagnes du Caucase, assis dans un hamac, je reçois de la visite : une jeune Iranienne, Reyhane, qui participe au même programme que moi, vient faire un brin de causette. Une question la préoccupe. Elle qui a fui son pays il y a trois ans de cela, qui a étudié et vécu en Italie et en France, me demande à brûle-pourpoint lequel, selon moi, des pays que j'ai visités était le meilleur. Sous-entendu : pour y vivre, pour y travailler, pour s'épanouir. En une fraction de seconde, je replonge mentalement dans ce qui a dû être le parcours de mes parents, et dont ils ne m'ont après tout que peu parlé.

Le voyage pour trouver le pays idéal n'est pas typique de nos latitudes. Il l'est davantage du tiers-monde ou des pays d'émigration. D'ordinaire, même ceux des Occidentaux qui, comme on dit, s'expatrient, déterminent leur nouveau pays en fonction de telle ou telle offre de travail, de l'image qu'ils en ont grâce à une précédente visite, ou parfois selon des critères plus étranges, comme le choix du Japon en raison d'un intérêt pour les mangas – cela étant, on aurait tort de s'en moquer, puisque, à mon avis, ces coups de cœur sont des plus durables. Peu raisonnent à la manière d'un Schopenhauer, qui pour déterminer sa ville de résidence, compara les espérances de vie avant de choisir Francfort, échappant ainsi à l'épidémie qui fut fatale à son maître devenu ennemi intime, Hegel.

Peu importent ces raisonnements, j'étais bien gêné pour répondre à mon amie. J'ignore quel est ou pourrait être un pays idéal. Assurément, mon tempérament est peut-être plus compatible avec par exemple la rigueur allemande ou avec la distance protestante puritaine ; mais je ne me fais guère d'illusions sur mon avenir à moyenne échéance dans ce type de pays. D'autre part, l'économie peut être forte aujourd'hui, mauvaise demain. Il n'y a pas si longtemps que cela, la France était le pays d'immigration par excellence, et faisait tout pour le rester ; les présidents de la République, jusqu'à Giscard inclus, lançaient des appels aux étrangers pour qu'ils viennent s'installer en France. Cela peut paraître invraisemblable aujourd'hui ; toutefois, qui aurait pu envisager le mouvement inverse de la part de la Suisse : elle qui fut longtemps le symbole même de la nationalité impossible à obtenir, le « réduit alpin » aux frontières hermétiquement closes, est devenue dernièrement un pays d'immigration, accueillant et naturalisant à tours de bras.

En somme, je n'ai su répondre à Reyhane. Je m'en veux. Mais comment lui dire qu'à mon sens le plus intéressant est de passer de l'un à l'autre, de croiser l'un avec l'autre ? La culture géorgienne (par exemple) que j'aime n'est pas supérieure à la française ; c'est plutôt l'apprentissage de l'autre qui procure les sensations et déroule le chemin.

Le voyage en tant que publicité et excitation

Quest means business, « Quest [nom du journaliste Richard Quest] rime avec business ». On pourrait aussi lire « toute quête mène au business ». Tel est le slogan que vient de répéter le téléviseur de ma chambre d'hôtel à Beyrouth, sur une chaîne américaine qui me poursuit depuis des années, à savoir CNN. Elle m'agace et me fascine. Je la suis « statiquement » sur Internet quand je suis en France, c'est-à-dire que je lis son site Web, mais la regarde parfois brièvement quand je suis en voyage, dans des hôtels à travers le monde. Voir comment elle a acquis en peu d'années la prééminence sur les autres est en soi intrigant.

CNN est une chaîne internationale, « globale » comme on dit à présent. Du moins ainsi elle se présente. Je ne discuterai pas ici de son message politique : n'évoquons que les voyages. Et de voyages, justement, elle parle en permanence. A chaque minute ou presque, elle martèle son caractère « global », se glisse d'un continent à l'autre, multiplie les images de pays où je ne suis jamais allé et où sans doute jamais je n'irai, faute d'argent et parfois de courage, pour certaines destinations. Parallèlement, et cela m'avait beaucoup troublé à une époque, une part très importante des publicités sont des messages vantant tel ou tel pays, Malaisie, Indonésie et pays du Golfe, essentiellement.

CNN serait-elle le paradis des voyageurs ? Je l'ai longtemps cru. Toutefois, rien n'est moins sûr. La caméra de CNN, si elle se déplace beaucoup, filme toujours les mêmes choses et avec le même objectif, dans tous les sens du terme. De tout pays, il faut montrer l'activité ou la personne jugée dynamique, celle qui change le monde, qui « fait l'actualité ». Devenir leader est le credo. Etre jeune et vouloir bouleverser les – au choix – rigidités, tabous et archaïsmes patriarcaux est obligatoire. De même que parler anglais – à moins de jouer au contraire la carte de la bizarrerie, qui vous cantonne d'office à des rôles mineurs de bouffon. Le tout alterne subtilement entre fascination du pouvoir (on montre ainsi de préférence les capitales et palais) et commisération (les images de camps mettant en scène une misère extrême en Afrique, et donc, surtout, la grandeur d'âme de tel ou tel organisme, dont on peut être sûr que ce ne sera point une ONG chinoise et encore moins iranienne : être généreux est réservé à nous autres, individus blancs occidentaux). Les publicités, quant à elles, poussent la logique de l'objectif unique à son terme : pour l'Indonésie, pour le Qatar, pour un autre pays encore, elles se ressemblent toutes.

En fait de voyage, on a plutôt une succession d'images subliminales. Un système où le voyage est présenté sous le mode de la publicité et de l'excitation des passions primaires. Un système également où, et cela est remarquable dans les publicités, on répète que tel ou tel pays comblera parfaitement vos attentes, vous charmera par ses restaurants, vous fera rire et séduira votre compagne (le gros plan sur son visage radieux est incontournable, sauf peut-être dans le cas des publicités des pays du Golfe). Et si, à l'inverse, le véritable voyage était la modification de nos préférences et centres d'intérêt, plutôt que le simple assouvissement, toujours momentané et partiel, de nos pulsions ?

Deux raisons pour lesquelles
je ne voyage pas en journaliste

Je lis abondamment la presse, de diverses régions du monde, peut-être plus que nombre de journalistes professionnels. Pourtant, je dois reconnaître que je m'intéresse de moins en moins à ce que l'on dénomme l'actualité. Un peu d'ailleurs comme avec la politique : je suis de près la vie politique, et me surprends régulièrement moi-même à connaître davantage de détails sur ses épisodes que plusieurs de mes amis journalistes ; par le plus grand des hasards, j'ai probablement eu connaissance d'un certain nombre de choses que même *Le Canard enchaîné* paraît ignorer mais apprécierait sûrement. Pourtant, je ne suis jamais allé voter.

Lire la presse relève en partie du devoir professionnel, en partie d'une curiosité mal placée, c'est-à-dire qui porte sur des points auxquels on n'est pas censé s'intéresser, tout comme on n'est pas censé aller au cinéma pour observer le câblage de l'appareil de projection, ni regarder les publicités dans les rues pour savoir sur quel type de papier et avec quelle encre elles sont imprimées. A mes yeux, la presse est stimulante pour découvrir les tournures de phrase qu'utilisera telle ou telle instance, tel ou tel journal pour interpréter quelque chose à sa manière ou pour contourner une difficulté ; dans des langues que je ne maîtrise pas bien, l'intérêt est décuplé, tant l'apprentissage restant à faire est important. Lire les

71

commentaires des internautes permet d'apprendre l'argumentation, notamment dans ce qu'elle a de plus sale. À ce titre, les « trolls » sont particulièrement précieux pour prendre conscience des trucs rhétoriques usités et fonctionnels. L'adage affirme certes qu'il ne faut pas les nourrir (*Don't feed the troll*), mais il faut les écouter pour apprendre.

Le monde s'accélère-t-il ?

Entre mon premier passage à Tbilissi en 2011 et ce jour de 2013 où j'y écris ces lignes, qu'est-ce qui a réellement changé ? Les Géorgiens, du moins ceux que l'on pourrait qualifier d'occidentalisés (le terme est quelque peu problématique, car la Géorgie se considère naturellement comme faisant partie de l'Europe et de l'Occident), ont été bombardés de centaines de milliers de flashes d'actualité durant cette période. Fort peu ont laissé des traces durables, surtout de la perspective du touriste voyageur. Je crois que le principal changement en deux ans a été la mise en service du téléphérique du quartier Avlabari à la forteresse Narikala. Peut-être l'ouverture de quelques magasins ou restaurants. Les prix ont un peu augmenté. Je peine à citer d'autres évolutions majeures, ou même mineures.

On aurait tort d'affirmer que Tbilissi s'enfoncerait dans un immobilisme, contrairement à d'autres villes. Si l'on prend un marqueur à la fois objectif et significatif pour la vie concrète de nombreuses personnes tel que les réseaux de métro dans les grandes villes, force sera de constater que les plans de métro évoluent très peu, hormis bien sûr durant le temps de leur création. Il y a un demi-siècle, le plan du métro parisien, à quelques détails près, était le même qu'aujourd'hui, et le taux de remplissage des rames fort comparable.

L'une des vues les plus saisissantes de Moscou sont les hauts murs du Kremlin. Leur mission première tient précisément en ceci : impressionner le commun des mortels, lui faire ressentir l'effroi sacré face au pouvoir. On imagine les incessantes intrigues qui s'y déroulent, les luttes de pouvoir, les luttes de clans, le sang qui coule ; l'histoire de ce lieu est abominable. L'une de ses meilleures dépictions est ce tableau d'Ilya Repine où le tsar Ivan le Terrible, le regard, qui même peint, glace le sang, tient dans ses bras son fils qu'il vient de tuer. Que de bibliothèques sont pleines d'ouvrages disséquant les détails de la vie du Kremlin, ne serait-ce que durant l'ère communiste. Pourtant : non loin de là, se dressent les coupoles dorées du monastère de Novodievitchi. Pour qui en franchit le seuil, un voyage dans le temps se déroule. La sainte Russie, celle des icônes, des portraits du tsar, les tenues des popes, les dévots qui font le signe de croix à une vitesse surnaturelle, au milieu de nuages d'encens et de chants de basses profondes en slavon liturgique. Le spectacle est particulièrement impressionnant en hiver, sous la neige dure comme de la glace, les matins où il gèle à pierre fendre. Qu'ont donc changé les intrigues, les révolutions parmi les plus radicales que l'histoire ait connues, en leur épicentre même ? Après tout, et le fait est peu reconnu à sa juste valeur, dans l'enceinte même du Kremlin, c'est-à-dire sous les fenêtres de l'ancien Soviet Suprême et du secrétaire général du Parti communiste d'URSS, président du présidium du Soviet Suprême d'URSS, sont les plus anciennes et peut-être les plus belles églises de Moscou.

La fameuse phrase suivant laquelle le monde s'accélère ou que tout va de plus en plus vite pourrait bien n'être qu'une illusion ; ou du moins l'importance du phénomène est-elle exagérée. Peut-être que quelques villes très occidentales changent un peu plus – mais je reste sceptique. Il est en revanche certain que nombre de lieux hors Occident et même en Occident n'ont pas réellement été « globalisés ». Peut-être qu'à Beyrouth il y avait proportionnellement plus d'Occidentaux au siècle dernier que maintenant ; en tout cas, la pratique des langues occidentales n'a guère évolué dans le sens attendu. De même pour la Tunisie ou, surtout, l'Algérie. Les Tchèques sous l'Autriche-Hongrie étaient indéniablement plus internationalisés qu'aujourd'hui ; un petit signe qui ne trompe pas est l'incapacité croissante des Tchèques à comprendre les langues slaves voisines, y compris très proches comme le slovaque, alors qu'il y a peu on tendait à les assimiler, les tenant pour trop semblables pour être des langues distinctes. Généralement, rien ne dit qu'aujourd'hui les Européens maîtrisent mieux les langues étrangères qu'il y a un siècle ou deux ; je penserais même le contraire.

Pour ce qui est de l'accélération du changement elle-même, j'ai des doutes. L'été dernier, *Libération*, très en pointe sur ces sujets, a publié une série de documents sur un – je cite – « mâle aux repères sexuels perturbés ». Du peu que j'ai lu ou plutôt vu des illustrations, je ne crois pas qu'il s'agisse de quoi que ce soit de bien nouveau : la littérature populaire abondait de tout temps en histoires similaires. On a tant parlé de révolution sexuelle qu'on finirait par y croire. Toutefois, rien d'objectif n'indique, à vrai dire, que les gens et en particulier les jeunes gens d'aujourd'hui soient significativement plus « libérés » (mais que veut dire précisément le terme ?) dans leurs pratiques sexuelles qu'il y a trente ou même mille ans. Dernièrement, j'ai été frappé de lire que, chiffres à l'appui, le taux de guérison des cancers n'avait, en fait, guère évolué en Amérique depuis plus d'un demi-siècle : au mieux, de légers progrès dans certains cas, contrebalancés par des régressions dans d'autres.

Ces constats, et on pourrait aisément allonger la liste, peuvent être quelque peu amers, tant on espère secrètement que notre époque soit spéciale, différente, qu'elle soit le centre de l'histoire un peu comme mon pays est censé être le centre du monde, et donc que notre brève existence ait une place éminente dans les cycles cosmiques. Tout comme il y a un chauvinisme, ou un racisme, qui donne une place prééminente au lieu géographique où l'on est ou au groupe auquel on est censé appartenir, il y a un chauvinisme chronologique, qui fait de même avec notre époque. Pour ma part, en voyage, je me concentre sur l'inactualité. Ce qui est récent m'inquiète. Je me méfie des lieux que l'on qualifie de pleins de vie, de trépidants. J'évite ceux, personnes et lieux, qui font l'actualité. En un sens, je fais également du journalisme, mais avec un ou deux millénaires de retard autant que faire se peut. CNN, elle, même au bout du monde, rabâchant toujours les mêmes choses, fait du surplace.

Les points de vue

La semaine dernière, j'ai vu et revu une jeune journaliste travaillant pour deux revues françaises de qualité. Au cours d'un moment de confidences, elle m'a dit que, lors d'un voyage au Soudan, elle avait remarqué, chose fort perturbante pour elle, que – moment d'hésitation de sa part, comme quand on s'apprête à

blasphémer – l'actualité vue depuis le Soudan était fort
différente de celle vue de France. On ne saurait mieux
dire. L'un des grands intérêts du voyage est précisément
de mesurer ces décalages. Je garde en mémoire les efforts
rhétoriques désespérés de Yoram Hazony, philosophe et
expert de la Bible juive, répétant sur tous les tons que
les personnages de la Bible n'étaient séparés de nous que
de peut-être deux cents générations, que par conséquent
on ne pouvait les considérer comme débiles, et que donc
il fallait prendre en compte leur avis et point de vue.
J'applaudis des deux mains, surtout si on prend également
ment en compte les autres peuples du monde ancien.

Hier, un double attentat-suicide a frappé Beyrouth,
tuant des dizaines de personnes, à peut-être un kilomètre
du lieu où je me trouvais. J'ai vu passer de nombreux
véhicules de secours toutes sirènes hurlantes, oubliant
les règles élémentaires de prudence pour la circulation
dans une ville orientale, fonçant désespérément dans les
rues et ruelles de la ville, sinistre cortège funèbre. Les
grands gouvernements occidentaux n'ont condamné l'at-
tentat que du bout des lèvres, et certains pas du tout. Ce
que l'on nomme la « communauté internationale » semblait s'en accommoder, voire s'en réjouir quelque peu.
En somme, l'attentat-suicide était le bienvenu. J'ai oublié
de préciser : le double attentat-suicide a frappé près de
l'ambassade d'Iran. Et les dizaines de victimes parmi les
passants étaient visiblement orientales. En somme, ce
n'étaient « que » des Arabes, même libanais, avec tout
ce que cela implique en terme de proximité avec la
France. Pas de Français parmi elles. « N'ayez crainte,
madame, personne n'a été blessé dans l'accident de la
chaudière, et il n'y a pas de dégâts matériels, juste trois
Nègres ont été tués. – Ah, merci, grâce à vous me voilà
rassurée. » Ce petit dialogue, que je cite de mémoire,

d'un ouvrage de l'Amérique du temps de l'esclavage n'appartient pas à une époque révolue. Il s'agit bien de la nôtre. Celle où de moins en moins de Français partent en vacances à l'étranger.

Et où le reste du monde n'est plus pensable hors d'un prisme sophistiqué de thématiques. Toute l'actualité hongroise, en soi fort peu traitée, disparaît derrière la question de l'autoritarisme d'Orban. Pour l'Iran, on a bien sûr la question nucléaire, accessoirement celle des droits des femmes. Pour l'Inde, on a le viol, ou plus précisément cette statistiquement infime partie, par rapport à la masse des autres viols passés sous silence, où la brutalité est extrême ou bien lorsqu'une Occidentale en est victime. Pour l'Allemagne, c'est la nouvelle précarité. Hors de ces clous, point d'articles publiés. « Ce n'est pas d'actualité », est la réponse habituelle des rédacteurs en chef. D'où d'ailleurs parfois, pour les journalistes les plus téméraires et prêts à risquer autant leur vie physique en quelque lointaine contrée que leur carrière dans les bureaux du journal (on ignore lequel sort est le plus redoutable), d'intéressantes acrobaties verbales pour tenter de rattacher leur article à cette fameuse actualité.

Pour ma part, en m'intéressant précisément à la non-actualité, n'étant pas soumis aux ordres d'un rédacteur en chef, je suis libre de mes explorations. La marginalité comporte des avantages insoupçonnés.

Pourquoi je ne suis pas un expert de tel ou tel pays

On les voit souvent quand on allume la télé et qu'il est question d'un pays étranger. Ce sont les experts. Certains sont ou étaient universitaires, d'autres sont issus de la nébuleuse militaro-industrielle, d'autres viennent de Dieu sait où. Les plus performants connaissent leur rôle par cœur : dire en deux ou trois phrases exactement ce que leur financeur veut entendre de leur bouche. L'Amérique, pays des experts, est régulièrement secouée par les scandales impliquant l'un ou l'autre : fraude aux diplômes et cursus, informations inventées, et surtout l'irrésistible appel de l'argent qui brouille toutes les frontières entre l'expert et le *spin doctor*. La logique du carnet d'adresses, qui fait qu'un expert sera de nouveau sollicité pour la simple raison qu'il a déjà été sollicité, ajoute à la dérive du système.

Passons sur la liste fort longue des gaffes et affirmations parfois délirantes faites par ces experts. Ce qui me chagrine le plus est leur obsession pour certaines thématiques, à savoir celles qui se vendent, et celles où l'aptitude au verbiage est suffisante : inutile d'ajouter que la géopolitique et les études sécuritaires sont leur chasse gardée. Dès qu'un événement malheureux arrive, leur heure de gloire est proche : on entendra les mêmes explications, en boucle, sur tel gouvernement qui n'aime pas tel autre.

Nonobstant, en quoi cela importerait au voyage authentique ? Quand on découvre un pays, y séjourne, verra-t-on des gens comme vous et moi, ou bien les chefs d'Etat ? Dans mes pérégrinations, jamais je n'ai croisé de dirigeants de niveau gouvernemental, et encore moins de chefs d'Etat (sauf une fois, où je me suis retrouvé face à Gorbatchev dans un couloir, mais il avait alors quitté le pouvoir depuis longtemps). Voilà une excellente nouvelle : dans bien des cas, ce qui a sauvé les cultures et les vies humaines fut l'inefficacité providentielle des régimes de toute espèce. Pour vivre heureux, vivons éloignés des centres de pouvoir.

Le voyage-plaisir

Il ne s'agit pas d'être masochiste. Cependant, pourquoi succomber aux promesses trop grossières de bonheur en voyage organisé quand un marchand de telles promesses devant s'accomplir dans votre ville de résidence ne s'attirerait, à juste titre, que les moqueries ?

L'idée de se rendre dans des destinations-plaisir pose de nombreuses questions. Tout le monde aimerait aller à Barcelone. Ou du moins n'entend-on pas ceux qui ne partagent pas cet avis. Et pourtant, qu'attend-on de pareil voyage ? Le fait de passer un weekend sans stress et au soleil ? Triste réduction. Autant avoir recours à des paradis artificiels. Mon cœur penche plutôt vers le voyage en tant que, non pas satisfaction de nos critères existants de plaisir ou beauté, mais évolution de ceux-ci.

Barcelone est donc, hélas pour elle, devenue un emblème des destinations-plaisir. La ville a connu un tel succès qu'elle est désormais une destination « trop adaptée » au tourisme. Or, c'est un problème quand, pour visiter des lieux, il suffit de suivre des flèches : pour sûr, l'endroit est rassurant et le risque de se perdre inférieur. Mais qu'obtiendra-t-on alors ? C'est un problème quand, en pays théoriquement non anglophone, alors même que votre apparence ne vous distingue pas des locaux, on vous adresse en premier la parole en anglais ; en d'autres termes, quand dans une zone donnée il y a plus de touristes que de locaux. Quel sens a encore le fait de visiter Venise, surtout en été ? Le centre-ville, certes magnifique, est telle une coquille d'un organisme fossile, depuis longtemps mort. Des polypes essaient d'y donner vie, je veux dire diverses fondations d'art contemporain, et divers individus peut-être plus chanceux auprès de Dame fortune qu'auprès des muses tout en voulant faire croire à l'inverse. Parfois, ils finissent même par se croire les vrais maîtres du grand coquillage du passé.

La manifestation la plus extrême tout en étant une sorte de jauge du phénomène pourrait être le tourisme sexuel. L'expression sonne terriblement. Elle semble réservée aux pires individus, des monstres ne méritant pas de figurer sur cette terre. Et pourtant, le tourisme sexuel recoupe une réalité bien plus large ; des hommes politiques de tout premier plan en ont donné, volontairement parfois, un aperçu saisissant. J'en avais douté quelque peu moi-même, avant de m'apercevoir du contraire, par exemple dans les pays pauvres ou encore en Afrique, y compris dans une dimension particulièrement taboue : le tourisme sexuel au féminin.

Le voyageur de tous les records

Lors d'une soirée à Cherbourg, un de ces repas plus ou moins imposés avant ou après les événements sur l'autisme, une psychologue a affirmé, d'entrée de jeu : je suis allée dans trente-cinq pays. Silence et respect. De fait, j'ai ce soir-là été heureux d'être assis en face d'elle, et d'écouter les échanges – portant pour une fois sur une thématique peut-être mieux compréhensible pour moi que l'actualité cinématographique.

Autre pays, autres mœurs, si l'habitant type des Etats-Unis voyage peu hors de son pays, les grands voyageurs s'assemblent en clubs. Et transforment le voyage en industrie, mère de toutes les hiérarchies sociales. Les *competitive travelers*, puisque telle est leur dénomination, de plus en plus nombreux, doivent, avant de pouvoir accéder au moindre club, attester de tampons d'une centaine de pays dans leur passeport. Ils doivent cocher des cases sur des formulaires pour valider leur passage en nombre de territoires. L'île Bouvet, pour ne citer qu'elle, compte parmi ces destinations prisées pour se sentir appartenir à l'élite. Certains, à ce qu'il paraît, épousent successivement diverses étrangères à la seule fin d'avoir accès à des contrées reculées. L'apport mental ou, pour ne pas dire par un mot désormais vieilli, moral, de tant d'expéditions me semble toutefois bien léger.

Alors, trêve de bavardages, combien de pays ? Même avec la meilleure volonté du monde, je suis incapable de répondre. Les calculs sont hautement problématiques : faut-il compter Chypre du Nord ? Taiwan ? Faut-il compter les pays où l'on n'a fait qu'une escale aéroportuaire ? Ceux où l'on n'a passé qu'une nuit, comme moi en Espagne ? De fait, la question est dénuée de sens. Il ne faudrait à aucun prix confondre un Etat avec la réalité géographique, humaine, sociale d'une région. Quand on ne connaît que Moscou, connaît-on la Russie ? Peut-on connaître la France si on n'a jamais mis les pieds en Corrèze, par exemple ?

Un point m'a soudain intrigué. Les assez nombreux clubs de voyageurs-recordmen, qui calculent si brillamment le nombre de pays qu'ils ont visités, omettent un paramètre de leurs palmarès : le nombre de nationalités. Mieux, mes différentes recherches sur Internet n'ont abouti à rien de probant sur des questions telles que : combien de nationalités on pouvait au plus détenir, qui était dans ce cas de figure, quelles nationalités étaient le plus souvent cumulardes, et ainsi de suite. Les voyageurs du record ont peut-être ajouté un trophée à

leur tableau de chasse, mais semblent n'avoir guère pro-
fité de leurs trajets pour faire évoluer leur nature intérieure. En oubliant que le pays le plus exotique, celui
qui nous fera le plus évoluer, n'est pas nécessairement
le plus lointain.

L'autiste snowdenisé

J'écris ces lignes dans l'une de mes situations préférées : dans un aéroport vide, tard dans la nuit. Terminal 2 de l'aéroport de Pékin. Des rangées de fauteuils près des portes d'embarquement, et aucun camarade voyageur ne partage mon sort. Par les vitres, dans le noir, on entrevoit quelques avions porteurs de rêve, China Southern, Hainan Airlines, Xiamen Airlines, que sais-je. Immobiles. Le tout semble étrangement inanimé. Je me suis levé, j'ai marché dans un hall voisin : personne. Comme dans un conte de fées, comptoirs d'enregistrement, vitrines de magasins éteintes, fauteuils par centaines n'avaient nul occupant humain. Mon petit rêve s'est brisé, bien entendu, quelques heures plus tard, lorsque mes camarades de vol ont afflué. Et de manière plus décisive encore, par cette réflexion : comment est-il possible que je me retrouve si seul dans un aéroport pourtant parmi les plus animés au monde ? Une partie de la réponse est bien cruelle : visiblement, seul parmi les milliers de Chinois et de centaines de visiteurs étrangers, j'avais une habitude des plus étranges, arriver à l'aéroport beaucoup trop à l'avance, à une heure où aucun vol n'était prévu. De quoi le ressentir comme une claque. Même à l'aéroport, mon anomalie me traque.

Pourtant, j'ai passé un excellent moment : page après page, je lisais *Dieux et démons des solitudes tibétaines* d'Alexandra David-Néel. Le terme « solitude », en plus de son double sens habituel, renvoyait à ma propre situation du moment. Et à vrai dire, je me suis senti bien plus seul après, une fois la foule arrivée.

De quoi « snowdenisé » est-il le code ?

J'aime bien le terme « snowdenisé ». Pas nécessairement pour ce que les gens « normaux » qualifieraient de bonnes raisons. De quoi beaucoup décevoir d'hypothétiques agents chargés de la sécurité parmi les lecteurs de ces lignes. « Snowden », d'une part, m'évoque le nom qu'à l'époque j'avais jugé fort curieux d'une station du métro de Montréal : Snowdon. Je l'ai retenu, tant il est extraordinaire. Un zèbre du métro, qui commence avec la prononciation anglaise et se finit en français. Changement de prononciation, de contexte : autant de tâches qui me furent toujours difficiles. Et voici qu'un même mot en rassemble deux, être linguistique hybride, un peu à mon image en quelque sorte.

« Snowden » permet également de multiples jeux de mots, certes fort peu fins, mais qui font partie de mes distractions mentales – les méchantes langues diraient obsessions autistiques : « Snowden » peut se dire *spy den, den of spies*, « nid d'espions », le nom de l'ambassade américaine à Téhéran, en persan *lâne ye jâsusi*, qui a un petit côté christique (proximité phonétique entre « Jésus » et *jâsus*, « espion », en persan). Et qui fait aussitôt émerger de multiples souvenirs des bons moments passés l'autre hiver, dans un hôtel à deux pas du fameux « nid d'espions ». Sans même évoquer le sens dans les langues slaves de *spy den*, « dort le jour » ou quelque chose comme cela. Ces réflexions faites, comment ne pas repenser à ce vieux livre à la fois totalement dépassé et injustement oublié, *Le Schizo et les Langues* de Louis Wolfson, à l'époque préfacé par Deleuze lui-même, et dont l'auteur évoluait dans un monde dont les jeux de mots entre les langues rythmaient les jours ? J'allais encore ajouter que « Snowden » se termine par une syllabe qui désigne l'ablatif dans les langues turques : on pourrait donc y lire « qui vient de la neige ». Replongée dans les récits du grand Nord. Et douloureux retour à la réalité, de l'heure qui avance et du travail non fait.

« Quelqu'un pourrait-il lui offrir une nouvelle chemise ? » L'exclamation d'un internaute américain après la conférence de presse de Snowden, après quelques semaines de présence à l'aéroport de Moscou, m'a fait entrevoir un détail que je n'avais pas encore remarqué : le retranché de l'aéroport pourrait avoir quelques traits autistiques. En tant qu'autiste aéroportuaire, voilà que je me sentais moins seul.

Pour un guide de qui s'attarde dans les aéroports

Classer les aéroports est une distraction de la presse, notamment anglo-saxonne. Pas de semaine sans un nouveau classement, établi sur on ne sait trop quels critères. Plus que le sérieux, le ludique compte : comment s'en offusquer ? N'est-il pas question après tout du bien-être subjectif du voyageur ? Les meilleurs et pires aéroports sont montrés du doigt, et même l'incrédule ne peut s'empêcher de cliquer, curieux, pour savoir quel nom apparaîtra cette fois. Passons sur les motivations profondes de ces classements, sur leurs financeurs possibles. De fait, ils ne m'apportent rien : ils n'évoquent que les aéroports du monde qui « existent vraiment », c'est-à-dire du monde fréquenté par les voyageurs anglo-saxons fortunés : l'Amérique et sa sphère bien sûr, leurs dépendances culturelles et politiques, de Hong-Kong à la Namibie, avec quelques allusions à l'Europe occidentale, l'aéroport majeur de Paris devant naturellement être classé comme le pire au monde – critique que j'approuve dans une certaine mesure sur le fond, tout en sachant que cette place est sans doute avant tout liée au fou rire qu'elle suscitera chez le lecteur américain. Les aéroports sur lesquels je souhaiterais avoir plus de précisions n'y figurent aucunement : ils n'existent pas.

Hier soir, un ami américain devenu taiwanais (oui) m'a demandé quel était à mon avis le meilleur aéroport ; devant ma perplexité, il a reformulé sa question en demandant lequel m'avait laissé l'expérience la plus marquante. J'étais perdu. Des souvenirs, des noms, des images défilaient dans ma tête, sans que la caméra intérieure s'arrête sur un élément donné. Pourtant, à vrai dire, je me suis souvent posé cette même question. Les critères d'évaluation étaient trop complexes pour qu'un seul se dégage.

Le premier, le plus immédiat puisqu'il s'agit de ce qui sur le plan symbolique donne identité à chaque aéroport, est pourtant le plus négligé. Celui qui ne pourra qu'aggraver mon diagnostic de folie : le nom. Je l'avoue, plusieurs de mes voyages n'ont eu d'autre motivation effective que de rencontrer l'aéroport portant tel ou tel nom. Je n'ose imaginer la réaction des officiers de l'immigration des pays où ils posent des questions, si en guise de motif de voyage j'avais dit la vérité : tester la sonorité du nom de l'aéroport.

Certains noms sont extraordinaires. L'un de mes préférés est l'aéroport Houari-Boumédiène, en d'autres termes celui d'Alger. Surtout quand on prononce « Hawâri », avec le grand contraste entre la sonorité spatiale du premier mot (du prénom), et la succession de chocs du second (du patronyme). Dans la sonorité même, on a l'avion qui atterrit lourdement, tout un symbole. Sans même envisager que *havâ* en persan désigne l'air. Il y a deux ans, lorsque j'ai accepté, quitte à en payer une bonne partie de ma poche, d'aller à un colloque sur l'autisme à l'université de Tizi-Ouzou (Tizi Wezzu serait plus correct, le « Col des genêts », en tamazigh), je n'avais que la sonorité de l'aéroport en tête. L'ancien nom, Alger-Maison-Blanche, n'était pas mauvais non plus, à vrai dire, mais il évoque bien autre chose, plutôt des photographies en noir et blanc, où le noir prévalait largement. Au demeurant, c'est l'un des rares aéroports modernes où l'on ressent brutalement le souffle de l'ancien temps, lorsque, juste avant l'entrée de l'avion, se produit un rituel oublié ailleurs : fouille complémentaire et manuelle des passagers et bagages.

La palme des noms en série revient sans conteste à la ville de Moscou, dont les trois aéroports civils principaux, tels trois ténébreux personnages sous la plume du moine Nestor, le plus éminent des grands chroniqueurs de jadis en vieux slavon liturgique, rivalisent de charme : Vnukovo, Cheremetievo, Domodedovo. Cheremetievo est sans doute le meilleur, le plus mystérieux et puissant. Quand on entre, un soir d'automne, dans son terminal F, celui qui a été construit pour les jeux Olympiques de Moscou de 1980, à l'heure où l'URSS était au sommet de sa puissance, on ne peut que chercher des yeux les agents du KGB et autres agents doubles ou triples, en train de traquer l'ennemi impérialiste dont ils étaient par ailleurs parfois les obligés. Que Snowden y ait trouvé refuge est assurément un beau clin d'œil historique.

Tant d'autres noms pourraient être cités. Téhéran réalise un beau doublé, avec Mehrabad, littéralement « la demeure de l'amour », pour les vols intérieurs, et l'aéroport de l'Emâm Khomeini, « que Dieu soit satisfait de lui », selon la formule consacrée ajoutée immédiatement à son nom, pour les vols internationaux. Ou encore celui de Ferihegy en Hongrie, dont tout ce que je regrette est qu'il desserve la nouvelle capitale et non directement l'ancienne, Székesfehérvár. Pour finir par deux que je n'ai jamais connus, et dont j'espère entendre le nom avant que mes yeux ne s'éteignent : celui de Berbera, et celui de Hadibou, là où on parlait jadis soqotri, de part et d'autre d'Aden, elle qui porte le nom du paradis (« Eden » vient de la même racine).

L'attente

Il est au moins un site Internet dédié aux voyageurs qui passent trop de temps dans les aéroports : le « Guide du sommeil dans les aéroports ». Il peut être précieux. Savoir qu'à l'aéroport de Tbilissi sous les escalators se trouve un gazon artificiel sur lequel on peut dormir est essentiel. Devrait être enseigné dans les écoles. Je reste pourtant sur ma faim, tant d'une part, de nouveau, mes aéroports préférés sont rarement abordés, et tant les descriptifs sont éloignés de mes soucis : peu m'importe telle ou telle boutique détaxée, où un produit dont je n'ai jamais entendu le nom, et qui pourtant paraît vital.

Le guide a-t-il songé à aborder l'essentiel ? Le bruit qu'ont les aéroports la nuit, quand ils sont vides ? Système de ventilation, climatisation, j'ignore le responsable. Je ne me souviendrai que de cette sonorité imperceptible. La négliger est pareil à l'oubli de *La Joconde* dans un manuel d'histoire de la peinture. Il a accompagné mes meilleurs moments aéroportuaires. Ceux que je ne revivrai jamais plus, à l'aéroport de Budapest, du temps heureux de la défunte Malév, entre deux vols vers l'Orient, à l'heure où les bâtiments presque vides n'étaient peuplés que de rêves et envies de lointain. Ceux que j'espère revivre, escales de nuit à l'aéroport de Bakou, en route vers ou depuis l'Iran, errant dans le petit espace, cherchant dans les recoins de possibles camarades de voyage, comme pour m'assurer que je ne m'étais pas trompé de planète.

Midi, avec un soleil d'Afrique au zénith qui pourtant ne réchauffe qu'à peine l'air des hauts plateaux éthiopiens. Ou plutôt 6 heures, heure éthiopienne, décomptée selon un système venu du fond des âges à partir de la première heure, celle du lever du soleil. Tétanisé par les histoires de voleurs que j'avais lues et que mon séjour au pays n'avait pas dissipées, une vieille voiture – a-t-elle connu le Roi des Rois, Lion conquérant de la tribu de Juda, élu de Dieu, Hâyla Selasyé en guèze, Haylä Selasé en amharique, francisé en Haïlé Sélassié, dont le nom signifie « force de la Trinité » ? – me dépose à l'aéroport de la « Nouvelle Fleur », Addis-Abäba. Mon vol vers le lointain Nord n'est que dans longtemps, trop longtemps. Je voulais être sûr de ne pas le manquer. Ne voulais pas payer une nuit d'hôtel. Un peu perdu, une employée devine l'objet de ma quête : une prise électrique pour brancher mon tortionnaire et poursuivre sa sape, mon travail de tape. Courbettes, remerciements. Début du boulot. Les heures passent, les gens viennent et disparaissent. Le soleil les suit. Je m'obstine. Une voix me ramène au réel : « Vous êtes ici depuis si longtemps... » Honteux d'avoir volé autant d'électricité (mais était-ce le sens de l'interpellation ?), je m'en vais terminer l'attente ailleurs. Contempler les destinations des vols, vers là où l'Européen ne songerait pas à aller. Avant de quitter la terre éthiopienne, j'achète une croix traditionnelle et plonge dans le temps des regrets. Le silence enfin atteint après minuit des halls à la moquette verte, au parfum identifiable entre mille, me hantera longtemps.

La zone internationale

Rarement on a autant parlé des zones internationales aéroportuaires que durant l'affaire Snowden. L'occasion de se rendre compte d'un grand manque : à ma connaissance, personne, y compris parmi les passionnés de choses bizarres, n'a jusqu'à présent consacré à ces zones de site Internet digne de ce nom. C'est fort dommage.

Les zones internationales pourraient être les zones les plus intéressantes qui soient, l'un des rares espaces sur cette terre à ne pas être soumis aux fantasmes de visas et passeports – bien que, hélas, certains pays, France en tête, aient créé des visas de transit aéroportuaire, hérésie à mes yeux. Il n'y a plus guère que l'Antarctique et une ou deux terres n'appartenant à personne (la *terra nullius* ou « terre sans maître » s'est considérablement rétrécie au fur et à mesure que ce que nous nommons civilisation s'étendait).

J'apprécie donc les aéroports proposant une zone internationale de taille conséquente ; celui de Cheremetievo – celui de Snowden – n'est pas mauvais à ce titre, au contraire : on peut même faire des promenades, circuler entre trois des terminaux. Certes, le caractère aéroportuaire demeure par trop marqué, que ce soit dans l'omniprésence des sièges d'attente, les produits proposés par les boutiques. On se heurte régulièrement aux barrières où la police interdit l'accès à moins de montrer passeport et visa, bref d'entrer dans le système commun, sous le contrôle d'un Etat.

A Pékin, de même, la zone internationale est de taille relativement imposante, notamment au terminal 3. Toutefois, la gamme des possibles est plus restreinte qu'à Moscou. Pas de quoi se sentir tout à fait comme à la maison. Les aéroports à fuir n'offrent qu'une zone internationale réduite au minimum, à l'image de l'aéroport de Léningrad / Saint-Pétersbourg, de taille particulièrement restreinte ; toutefois, un nouveau terminal devrait y être ouvert d'ici peu. Sans parler des aéroports qui ne sont pas réellement conçus pour le transit, comme ceux de Téhéran ou de Tel-Aviv – je me souviens d'avoir passé toute une soirée à chercher sur Internet des informations sur les correspondances internationales potentielles à l'aéroport de Tel-Aviv, avec un résultat assez négatif : fort peu de gens doivent y avoir recours.

La zone internationale, zone d'attente, zone de transit, est également une zone de réflexion. Réflexion sur l'absurdité des frontières du monde : pourquoi, si je trouve une issue vers l'extérieur et sors de l'aéroport, suis-je en situation irrégulière, susceptible de subir les pires foudres, alors que si je fais de même mais en faisant tamponner mon passeport par un bonhomme, je suis en situation légale ? Et si je tamponne moi-même le passeport, je suis un fraudeur et serai jeté en prison ? J'ai beau réfléchir, je ne comprends pas. D'autre part, où commence réellement la frontière d'un pays ? Juridiquement, la zone internationale est bel et bien située dans un pays donné ; or, pourtant, la douane n'y sévit qu'à partir d'un certain endroit. La frontière des passeports et celle de la douane ne coïncident pas, qui plus est. Et ces frontières commencent-elles au trait jaune derrière lequel il faut attendre, derrière les pupitres où se tiennent les policiers, ou en leur milieu ? L'indétermination de la frontière montre sa nature construite, éminemment subjective.

L'aéroport en tant que miroir culturel

On souligne avec raison qu'attendre dans un aéroport en dit long sur la culture d'un pays. Passons sur le constat un peu déprimant que les aéroports modernes tendent à être conçus par un nombre limité d'entreprises, et que donc on peut retrouver un même design de base à des aéroports situés dans des pays fort distincts : les aménagements intérieurs, quant à eux, relèvent le plus souvent du local.

Un premier indice, le plus évident peut-être, est celui de la taille. Quand on arrive à l'aéroport de Pékin, Shanghai ou Delhi, on sait que l'on est dans un grand pays. L'aéroport de Tallinn, par ailleurs admirable mariage de bois et de high-tech, dit l'inverse. Rarement taille du pays et taille de l'aéroport sont décorrélées, sauf peut-être à Téhéran, dont l'aéroport international est clairement sous-dimensionné eu égard à la dimension et la situation géographique du pays – des considérations politiques entrent toutefois ici en ligne de compte. Les aéroports américains, eux, tendent à être surdimensionnés par rapport à l'importance réelle de la ville qu'ils desservent : cela se passe d'explications.

Un indice plus intéressant est d'observer ce qui est vendu ou pas dans un aéroport. Si seuls les produits « internationaux », toujours les mêmes, sont proposés, par exemple les alcools, le tabac et les produits de luxe, cela indique que le pays peine à s'imposer : tel est souvent le cas dans les pays du tiers-monde qui accueillent les entreprises mondiales tout en ne pouvant les contraindre à quoi que ce soit. Si quasiment rien n'est vendu, cela est le signe soit d'un tout petit aéroport d'une région à la dérive économiquement, soit d'un système politique strict, comme en Ouzbékistan ; curieusement, la Chine se rapproche beaucoup plus du second que du premier, attendu que, même dans les grands aéroports, la gamme de produits est relativement restreinte, contrôlée.

Un critère décisif est l'absence ou la présence de moyens de transports en commun vers l'aéroport : si les aéroports allemands disposent de moyens de transports ordinaires (y compris de trains locaux non surtaxés) et que l'aéroport de Beyrouth n'offre strictement d'aucun moyen de transport en commun, ce n'est pas dû au hasard. En termes de présence de l'Etat, de compétence des autorités publiques, de qualité de lien social entre les gens, tout est dit. Il est à ce titre notable que les aéroports français, à quelques rares exceptions près, soient desservis le plus souvent par des bus hautement surtaxés, à faible fréquence, ou alors, pour les deux principaux aéroports parisiens, par des trains locaux aussi chers que non fiables et sales. J'ai un petit faible en particulier pour les aéroports où l'on peut se rendre à pied. De fait, rares sont ceux où l'on envisage cette simple possibilité ; souvent, le piéton hardi est tôt arrêté dans ses efforts par quelque muraille de béton et/ou un garde menaçant, pour qui venir à pied à l'aéroport ne peut qu'être le signe de sombres intentions. J'affectionne les aéroports où j'ai pu venir par mes propres moyens, que ce soit à Genève, Eilat, Sharjah ou Reykjavik (aéroport des lignes intérieures) ; mon titre de gloire est d'avoir réussi à trouver le chemin de l'aéroport de Larnaca – au demeurant, le long trajet depuis la ville est fort agréable et permet de découvrir des sites naturels intéressants : je recommanderais fortement aux voyageurs en ces lieux de ne point faire appel aux bus ni aux voitures pour s'y rendre. Dans la même veine, un petit élément dit beaucoup de choses : la présence de fontaines d'eau potable gratuites.

La liste des autres critères serait longue, à commencer par le plurilinguisme ou non de l'aéroport, jusqu'aux procédures de sécurité – un point auquel un chapitre est consacré. Enfin, et cela relève plus de l'agrément que de la véritable évaluation culturelle, le cadre naturel a de quoi faire rêver : j'aurais aimé découvrir ces petits aéroports de montagne du Népal, sur lesquels j'ai pu lire nombre de récits. Ou découvrir celui de Saül, en Guyane.

Les aéroports meurent aussi

Certains soirs, je me surprends à rechercher sur Internet des informations sur les aéroports disparus, fermés pour une raison ou pour une autre. Qui sont les auteurs de ces articles ? Peut-être qu'ils me ressembleraient plus en bizarrerie qu'on le croirait.

Ma nostalgie va à une expérience que je ne revivrai jamais plus : les escales à Budapest, à l'époque de la regrettée Malév – que je considère toujours comme ayant été la meilleure compagnie pour les voyages Ouest-Est. Désormais, le terminal 1 de l'aéroport de Budapest est fermé ; passer devant me rend triste. Je n'ai jamais connu l'ancien terminal de l'aéroport de Tbilissi ; paradoxalement, je le juge plus beau que le récent, en faisant abstraction des considérations pratiques. De même, je n'ai jamais connu celui qui n'a jamais vraiment servi de Montréal (celui de Montréal-Mirabel). Ni celui, jadis gloire de Paris, du Bourget.

Ces aéroports, en plus d'être porteurs d'une histoire qui s'est mal terminée, sont témoins d'un autre temps. Un temps où, les jours fériés, les familles venaient regarder les avions. A Orly, il y avait des terrasses, maintenant fermées par arrêté préfectoral. Je crois qu'il y en avait encore une en service il y a peu à l'aéroport de Leipzig. Il me souvient que durant mon enfance, un vieux monsieur, aujourd'hui décédé, m'avait emmené à celui de Luxembourg, simplement pour regarder les avions. J'en garderai un souvenir ému. D'une époque où l'on pouvait encore être humain.

Les non-autistes à l'hôtel

« Les événements qui se déroulent au Grand Hôtel ne forment jamais des destinées nettes, entières, déterminées ; ce n'en sont que des parties, des fragments, des lambeaux : dans les chambres closes, des gens vivent, indifférents ou dignes d'intérêt, des gens qui s'élèvent, des gens qui tombent ; porte à porte, habitent félicités et catastrophes. La porte tournante pivote, et ce qui se passe entre une arrivée et un départ ne forme jamais un tout. Peut-être, d'ailleurs, qu'il n'existe pas au monde de destinées complètes, mais seulement quelque chose d'approchant » (Vicki Baum, *Grand Hôtel*). *Grand Hôtel*, ou, selon le titre allemand, des « gens dans l'hôtel », le roman majeur de Vicki Baum, romancière d'avant-garde il y a quelques décennies encore, paraît terriblement désuet. Il a bien plus vieilli que les romans de Zola, pourtant plus anciens. La société qu'il dépeint n'a plus rien à voir avec celle de notre époque : aujourd'hui, à part une infime minorité de personnes particulièrement défavorisées ou au contraire une poignée, encore plus réduite, de richissimes excentriques – notons ce permanent télescopage des extrêmes –, on ne vit plus à l'hôtel. Il n'y a plus de comtes, de barons soucieux avant tout de leur chapeau, et les tournures de politesse des domestiques d'antan feraient rire grassement.

Qui aurait pu prédire qu'un jour j'allais partager le lot des gens du Grand Hôtel ? Pour qui a presque toujours vécu chez ses parents, on imaginerait mode de vie plus sage. Ces derniers temps, j'ai pu à ma vive surprise me rendre compte que maints cadres supérieurs, aux salaires incomparablement plus élevés que le mien, qui se plaignent de leur épuisement lié à leurs nombreux déplacements, étaient en vérité plus sédentaires que moi. Devenu autiste du voyage, le pendant des gens du voyage, je ne sais plus au juste où j'habite : théoriquement chez mes parents, mais combien de nuits au cours de l'année écoulée y ai-je passées ? En 2013, comme en 2012, je n'ai que rarement dormi cinq nuits de suite au même endroit. Je suis sans doute devenu un grand ami d'un possible syndicat de l'hôtellerie. Mes souvenirs se brouillent dans une sorte de vertige, même pour dire où j'ai dormi il y a une semaine seulement. Ou plutôt, l'ordre séquentiel est perdu, mais les souvenirs des différents lieux demeurent. N'est-ce pas d'ailleurs précisément la description de l'existence fragmentée par Vicki Baum, dont le patronyme évoque ironiquement l'arbre, symbole transculturel de stabilité ? Entremêlés, métissés mutuellement, ces souvenirs brisés bâtissent ce qui pourrait être un ersatz d'identité aux fuyards de la normalité.

Les gens de l'hôtel

Les résidents du Grand Hôtel sont fort pittoresques. Cela donne saveur à l'ouvrage et l'auteur exploite le filon. Le docteur Otternschlag, « l'image pétrifiée de la solitude », s'ennuie mortellement ; paré des habits des hautes couches sociales, il passe ses journées dans le hall, fixant la porte vitrée, demandant sans cesse au personnel si quelqu'un lui a écrit un courrier, envoyé un colis, ou du moins fait transmettre un télégramme – rires refoulés, formules de politesse exprimées, toujours les mêmes : jamais personne n'a cherché à le joindre. En dignité, certes, il est second à d'autres personnages, barons, comtes, grandes artistes, dont l'heure de gloire est pourtant plus qu'oubliée. Mais comment mieux résumer leur vie que par une attente absurde, une fragmentation de l'existence et un déni de la nature humaine ?

De nos jours, contrairement aux apparences, il pourrait ne pas en être autrement. Suivant l'une de mes secrètes passions, j'ai passé des heures innombrables à lire, parfois par simple curiosité, parfois pour tenter d'en savoir plus sur tel hôtel où ma route allait me conduire, les messages d'internautes sur des sites spécialisés. Et en matière de curiosité, j'ai été servi. Ce fut la découverte d'un monde étrange, fascinant, drôle pour moi : celui du non-autisme. En effet, les critères d'évaluation, les souvenirs marquants en bien comme en mal d'un séjour me paraissaient tellement ridicules et mesquins dans la plupart des cas.

Je n'ai vécu, je crois, qu'à une autre occasion une situation où je me suis senti encore moins en phase : les fois où, lors de certaines rencontres, un groupe étranger est présent, on demande à des autochtones où se situe par exemple le meilleur restaurant de la ville, le meilleur café, le meilleur falafel ou le meilleur *qormeh sabzi*. Comme si, visiteurs nouvellement arrivés, plutôt que de songer à leur couche ou leur survie, ils avaient le loisir dès les premiers instants en terre étrangère de chipoter sur le degré de friture du falafel. Comme s'ils n'avaient toujours pas compris à quel point le qualificatif de « meilleur falafel de la ville » est mensonger au pire, hautement subjectif au mieux – sachant qu'en la matière, le pire est plus probable que le meilleur. Que ce qui est considéré comme bon pour un habitant des lieux sera infect pour des étrangers. Les restaurateurs indélicats, eux, le savent : on peut aisément mélanger tout et n'importe quoi à la nourriture et à la boisson, notamment des allogènes, sans qu'ils se rendent compte du subterfuge.

Ainsi, tel père de famille n'a pas de mots assez durs contre un hôtel dont à son arrivée le parking était plein, obligé de se garer sur une place payante non loin. Jubilation de n'avoir point ce problème faute de véhicule et de permis, mais également perplexité car sans ce souci, notre voyageur aurait trouvé l'hôtel excellent. Telle mère de famille juge inadmissible que la piscine de l'hôtel ait été fermée, ou même que le chemin pour y parvenir soit trop long à son goût. Et moi l'ignorant qui ai séjourné sans le savoir dans tant d'hôtels dotés de piscines, sans même me rendre compte de ce que je manquais ! Inutile même d'évoquer les myriades de commentaires assassins sur la couleur de la moquette, l'uniforme des serveurs lors du petit déjeuner, la monotonie du menu, et autres absences de grands crus à la carte des vins – sachant que pour moi, imaginer la simple possibilité d'une carte des vins tient des études sur les Martiens.

Mes critères sont à la fois plus stricts et plus simples : emplacement géographique, prix, calme nocturne et diurne. L'emplacement géographique désignant bien entendu, non pas la situation sur quelque avenue jugée prestigieuse, à savoir un lieu immanquablement bruyant et dangereux mentalement, mais la facilité d'accès et, surtout, la simplicité pour trouver les lieux par un voyageur autiste au sens de l'orientation fort limité : lorsque le tracé des rues est clair, marcher une heure de la gare à l'hôtel n'est pas un problème ; en revanche, trouver un hôtel même à « proximité immédiate » d'une grande gare dotée de multiples sorties et sise dans un environnement urbain impénétrable tient lieu de défi au bon sens.

Pour le prix, inutile de le préciser, je suis radin. Je me suis constitué une base données mentale, et une chambre trop chère sera inévitablement mal jugée par moi. Peu importe qui paie en définitive : je trouve choquant qu'il y ait des chambres chères, ou du moins que j'y séjourne. La porte de ma chambre à Marseille affiche la mention : « 325 euros ». Cela dépasse les bornes. Tout comme cet autre hôtel, en Corse cette fois, où j'ai dormi deux nuits l'année dernière, et dont j'avais jugé le prix déconnecté des réalités. Ou encore celui, à la station de métro « Révolution d'Octobre » à Moscou, gigantesque complexe au prix faramineux comme d'ailleurs presque tous les hôtels de la plus grande ville d'Europe, où je me sentais si oppressé. Quand j'en parle, au début sans détours, aujourd'hui avec des mots je l'espère plus choisis pour ne pas vexer mes hôtes, les deux réponses les plus fréquentes sont : « Mais c'est nous qui payons » (sous-entendu : quand on trouve un prix trop élevé, c'est uniquement parce qu'on a à le payer soi-même), ou encore : « Est-ce-que quelque chose vous manque dans votre chambre ? » (sous-entendu : quel grognon, il trouve que la chambre que nous lui avons réservée n'est pas assez luxueuse pour lui). A qui ne dit ni l'un ni l'autre, je voue un grand respect : il ou elle a compris le mode de fonctionnement autistique.

Autistique ou peut-être, pour utiliser le terme allemand, un état d'esprit *Schnäppchen*. Le mot est malaisé à traduire : on serait tenté de trouver un équivalent dans la notion de soldes, mais il s'agit d'autre chose :

les soldes en France, avant tout, ne concernent que quelques produits tels que les vêtements, et ce à certains moments de l'année – que j'ignore superbement, ne m'étant jamais livré à cette activité. Le *Schnäppchen* allemand est permanent et concerne quasiment tous les biens et services, à la possible exception, nul n'est parfait, de la voiture, équivalent allemand toutes proportions gardées du support à névroses français qu'est l'immobilier. Il est une démarche active et rationnelle visant à chercher des produits qui coûtent moins cher. Il se retrouve chez toutes les catégories sociales, y compris les plus élevées, et constitue un sujet de conversation fort apprécié.

Bref, je suis heureux quand je peux avoir une chambre d'hôtel bon marché. A moins de 50 euros la nuit, mon sourire se dessine. A moins de 30 euros, je jubile. Et je conserve un excellent souvenir de ces très bons hôtels roumains où on dort pour 20 euros ou moins. De la grande chambre que j'ai eue au centre-ville de Boukhara pour 20 dollars. Sans même évoquer ces hôtels des pays pauvres extra-européens où la chambre revient à dix fois moins. Je n'ose pourtant pas rechercher les lieux vraiment marginaux ni dormir à la belle étoile : je n'ai ni assez d'aptitudes sociales ni assez de culot. D'autant plus, qui sait, peut-être que dormir à la belle étoile est interdit à l'endroit en question ?

Le monde de l'hôtellerie a bien changé ces dernières décennies : je songe avec effarement, et il faut le dire avec une pointe d'envie, à ce détour de phrase de Mircea Eliade (ou d'un autre auteur), où il est dit que, à court d'argent en Italie, l'auteur a dû loger à l'hôtel jusqu'à ce que ses proches lui envoient le prix du billet de train international jusqu'à sa Roumanie natale. De nos jours, l'hôtel aurait coûté bien plus cher que le train – et ce bien que ces derniers aient beaucoup augmenté, eux aussi.

Rachid (mais est-ce son vrai nom ?), un vieux monsieur distingué et érudit, qui par ailleurs m'avouera, à ma plus grande joie, qu'il était ethniquement baloutche, sur la route de Mascate à Nizwa, s'est laissé aller à quelques rêvasseries. Curieusement, alors que son pays, l'Oman, a été depuis toujours un carrefour pour les voyageurs de tous horizons, sa tradition hôtelière est fort récente. Avant 1970, il n'y avait aucun hôtel en Oman, et Rachid d'ajouter, un sourire étrange sur les lèvres : « On ne savait même pas ce que cela voulait dire. » Dans beaucoup de cultures, l'hôtel en tant que tel repose en effet sur cet axiome bizarre : pour accueillir quelqu'un, il faut être payé. Rien de plus contraire aux règles de l'hospitalité.

Fabriquer le luxe – expériences de la distinction sociale

J'ai donc logé dans toutes sortes d'hôtels, depuis des lieux fort coûteux (que les organisateurs de certains événements ont eu la folie de me payer), jusqu'à des lieux particulièrement rustiques. Dans la première catégorie, j'ai par chance réussi à éviter ces hôtels qui se situent régulièrement dans les classements « top 10 » de la presse, notamment anglophone, des hôtels les plus chers ou les plus luxueux, listes de noms arbitraires par ailleurs, sinon qu'elles reflètent peut-être d'inavoués contacts entre le rédacteur et tel ou tel lobby. Quand ce n'est d'encore moins présentables tentatives de manipuler ce besoin irrépressible de mimétisme dont souffrent tant de gens non autistes. A mon échelle, le luxe éprouvé est d'envergure moindre. Il me sert de terrain de jeux pour d'amusantes ou pénibles expériences sur ce qui est au cœur de la société, le vain jeu autour de la distinction et des hiérarchies.

Dans le bus qui nous emmène d'Addis-Abäba à Dire Dawa, la ville du chemin de fer djibouto-éthiopien, je discute avec un collègue à moitié suisse et à moitié israélien, ou plutôt à la fois suisse et israélien. On évoque, avec une légère appréhension et quelques plaisanteries, notre hébergement à notre lieu d'arrivée. Puis, la conversation dévie naturellement vers les hôtels où nous avons, chacun de notre côté, séjourné. Pour ce qui est d'Israël, je dis que j'ai passé plusieurs nuits à l'hôtel Kfar Maccabiah à Ramat Gan, près de Tel-Aviv, à l'occasion d'un colloque à l'université Bar-Ilan. Sursaut chez mon interlocuteur. Apparemment, il s'agit d'un hôtel de luxe, une sorte d'équivalent du Ritz, où les Israéliens souhaitent séjourner sans le pouvoir matériellement. J'ai visiblement eu, à ses yeux, beaucoup de chance. Pourtant, quelque chose m'échappe : je ne peux nier que mon séjour de trois nuits ait été confortable. Oui, le petit déjeuner était bon. Oui, les chambres étaient propres. Oui, chacune avait un balcon, qui au demeurant ne servait pas à mes yeux à grand-chose. Toutefois, je peine à saisir en quoi il s'agissait d'une expérience luxueuse, enviable, marque de bien-être supérieur et de forte distinction sociale, le genre d'impression pour laquelle nombre de personnes, j'oserais dire essentiellement non autistes, sont prêtes à souffrir durant des décennies, supporter patrons psychopathes et autres collègues vicieux.

Le Kfar Maccabiah est pour moi un lieu menaçant. Menaçant parce que, à l'écart de tout, il faut disposer d'une voiture pour y accéder convenablement – sans doute que les concepteurs ont pensé que le public, constitué de riches hommes d'affaires ou de sportifs de haut niveau, ne se déplacerait pas en transports en commun. Sensation d'être donc pris au piège, jusqu'à ce que je trouve une station de bus dans les parages en une allée relativement distante, non sans avoir dû affronter les questions du portier, qui à mon départ avec ma valise s'étonnait que je ne souhaite pas faire usage d'un taxi. Chose déjà fort pénible d'ordinaire, par exemple lors du voyage aller, où j'ai eu la faiblesse de prendre un taxi depuis l'aéroport que je croyais proche, et que l'on ne m'a pas remboursé, malgré les promesses, et où j'étais tombé sur un chauffeur bavard. L'hôtel est également menaçant à mon sens parce que, dissimulés à divers endroits, au détour d'un couloir, des hommes que l'on peut supposer armés veillent. Ils sont là pour ma sécurité, dit-on. Mais comment peuvent-ils distinguer en me voyant si je suis un congressiste étranger ou un terroriste ? Quelle différence y a-t-il entre les deux ? Au-delà du risque accru pour moi, je trouve singulièrement gênant que quelqu'un soit, d'une manière ou d'une autre, à mon service. Qu'il perde son temps à cause de moi. D'autant plus que, comme le souligne un dicton chinois il me semble, c'est le trésor le mieux surveillé qui est le plus exposé aux pillards.

Plus récemment, j'ai passé quelques nuits dans un hôtel plutôt luxueux dans les environs immédiats de la vieille ville de Jérusalem. Il semblerait que j'y aie séjourné en même temps qu'un sénateur américain, et donc, on peut le supposer, qu'une brochette d'espions qui traquent les horaires de lever et de coucher des uns et des autres et notent dans des documents secret-défense combien de muffins j'ai mangé au petit déjeuner. Là encore, je ne peux me plaindre du séjour en tant que tel, il s'est bien déroulé. Mais je n'ose pas imaginer le prix que les organisateurs ont dû payer.

L'hôtel, bien sûr, avance ce que l'on considère comme des points forts pour expliquer les tarifs : une vue sur la vieille ville, bâtiment ancien, présence de multiples piscines et bains privés. Pour ces derniers, je ne les ai jamais trouvés dans le dédale des couloirs, et à vrai dire ne les ai pas vraiment cherchés. Pour les deux premiers, il est particulièrement remarquable que l'argument commercial pour attirer de riches et patriotes voyageurs de confession juive, car tel est le cœur de cible ultra-majoritaire en ces lieux, soit une muraille construite par Soliman et un ancien bain turc converti en hôtel, sachant que la même culture turco-ottomane y est cible d'un certain mépris. Les fortunés résidents en quête d'une forte expérience juive seront d'ailleurs servis par un personnel majoritairement palestinien. Pour ma part, mon meilleur moment fut l'échange de quelques mots en amharique que j'ai osé avancer à mon arrivée à la réception, voyant que la personne en face de moi était d'origine éthiopienne. Son sourire stupéfait et sa très grande gentillesse resteront dans ma mémoire. C'est ce que je nommerais la fonction politique salutaire des hôtels : nous y reviendrons.

Ce qui fut luxe :
les hôtels à apparatchiks de l'ex-URSS

Au-dessus de la place de l'Indépendance, à Kiev, trône un énorme « truc » en béton. L'ange doré sur le frêle pilier au centre de la place paraît bien faible face à la masse menaçante derrière lui. Ce truc, cette masse, c'est l'hôtel Ukraine, monument du luxe soviétique, ancien centre incontournable de tout événement de la nomenklatura.

J'aime bien y séjourner lors de mes passages à Kiev. Cela fait du reste hurler les Ukrainiens à qui je le dis. Son avantage premier est, pour moi, d'être facilement repérable – chose appréciable, attendu que je suis d'ordinaire très stressé en arrivant dans les grandes villes de l'ex-URSS. Son deuxième avantage est qu'il me remémore une petite méditation que j'ai une fois eue depuis ma fenêtre d'alors, et une photo de l'ange du centre de la place au moment du coucher du soleil. Troisièmement : il donne beaucoup à réfléchir.

Le visiteur, dès les premiers instants dans le lobby, et ce malgré les récents efforts de restructuration, ne peut qu'être frappé par le décalage culturel, qui est en fait un décalage dans le temps. L'enregistrement, *check-in* si vous préférez jouer des paradoxes linguistiques, dure longtemps. Certes, on est encore loin de certains records en Russie, sans même évoquer la situation à l'époque soviétique, mais la différence n'en demeure pas moins nette par rapport aux pratiques « occidentales ». Un grand panneau, ô surprise, traduit en anglais, donne la liste des services de cet hôtel jadis modèle : des choses relativement standard telles que le « business center », mais également « réparation de chaussures », « atelier de couture », etc. Il est précisé que pour le repassage des vêtements, il convient de s'adresser à l'hôtesse (notons le féminin) à l'étage de votre chambre – car, style russe oblige, chaque étage a son bureau, généralement d'ailleurs déserté depuis que sa fonction première de surveillance a perdu de son importance.

Des affiches en couleurs très voyantes, avec une silhouette évocatrice, néanmoins non fixées au mur comme pour être enlevées le cas échéant, indiquent que des shows érotiques ont lieu au premier étage, avec, semble-t-il, deux types de spectacles différents, l'un

107

étant essentiellement avant minuit, l'autre de minuit à 5 heures du matin – malheureusement ou heureusement, mes compétences linguistiques, en russe comme en anglais, ne me permettent pas de comprendre les termes techniques utilisés. Il y a fort à parier qu'à l'époque soviétique les lieux dévolus à ces activités étaient déjà en place, sans toutefois figurer au tableau général sur le mur à l'entrée.

Dans les chambres, on retrouve un détail qui me surprendra toujours : l'attention portée aux chaussures. Je crois qu'il s'agit de quelque chose de typiquement russe ; dans tout lieu public ou presque, un appareil pour brosser, des tubes avec des cirages, et que sais-je encore, sont présents pour redonner leur lustre aux chaussures. Il semblerait que dans d'autres cultures, par exemple chez les Ossètes, le point le plus sacré du corps habillé soit le chapeau ; aussi, il y est formellement interdit de toucher le chapeau d'autrui. Peut-être que de nos jours un équivalent pourrait être le téléphone privé et portable.

On aurait tort de blâmer en tout ces hôtels soviétiques, de les juger dépassés. Les hôtels occidentaux ont leurs défauts, eux aussi. Par exemple, dans combien d'hôtels d'Europe de l'Ouest, y compris parmi les plus chers, trouvera-t-on dans chaque chambre un nécessaire de couture ? En Chine, chaque hôtel ou presque propose, gratuitement, une brosse à dents et du dentifrice – des brosses et du dentifrice que l'on voit d'ailleurs souvent, à l'identique ou presque, en Iran. Les hôtels post-soviétiques conservent également, parfois, un personnel nombreux : le volumineux annuaire de l'hôtel Ukraine indique le numéro de téléphone de la personne à contacter pour emprunter de la vaisselle. On est loin du schéma de l'employé unique pour tout l'hôtel, omnivalent et réduit en esclavage.

L'un des non-dits absolus des hôtels soviétiques est le handicap. On ne saurait en de tels lieux imaginer la faiblesse physique ou mentale, en particulier chez les hommes. Pas le début d'une rampe d'accès ou de salles de bains accessibles. Plus globalement, je me demande si le sort de l'URSS en ses dernières années ne s'est pas joué autour de l'incapacité culturelle à prendre en compte les défaillances physiques, il est vrai anormalement nombreuses pour toutes sortes de raisons, des dirigeants de l'époque. Mélange de gêne absolue et de mensonges obligés, l'état de santé des hauts dirigeants de l'URSS a mis le système en déroute. Il est remarquable au demeurant que même le numéro un du pays, tel qu'Andropov, lorsqu'il ne pouvait plus quitter sa chambre d'hôpital, perdait *ipso facto* tous les pouvoirs, devenait, malgré ses immenses titres et charges théoriques, un incapable dont les aides manipulaient les discours et avis. Cela étant, ne blâmons pas trop vite l'URSS : Mitterrand, à la toute fin de sa vie, était empêché par ses gardes de sortir de chez lui quand il le voulait, car son appartement, pour autant que je sache, n'était pas accessible et il ne pouvait plus monter les escaliers : en France aussi, jusqu'aux plus hauts personnages, le handicap est ou était synonyme de déchéance et d'enfermement.

Autre expérience, mes séjours, tout aussi brefs, au plus ancien hôtel près de l'aéroport de Pékin, c'est-à-dire ouvert depuis une trentaine d'années – tout est relatif. Il a un étrange parfum : on avait alors voulu bâtir un hôtel aussi occidental et international que faire se peut. Un lieu emblématique pour les riches voyageurs, à qui à l'époque l'avion était réservé. Un lieu qui aurait tous les services possibles et imaginables, tout le confort voulu.

Aujourd'hui, il est peut-être le plus chinois des hôtels de l'immense zone aéroportuaire, perdu dans un Himalaya de béton. Déserté par les Occidentaux, il s'est refermé sur lui-même. Il n'est plus compétitif par rapport à ceux, plus récents, mieux desservis, porteurs de grandes marques occidentales ou orientales, plus faciles à trouver ; les chauffeurs de taxi ne le connaissent plus. Son décor a vieilli. Son prix, s'il demeure relativement élevé, est bien moindre que celui de ses concurrents. La qualité du service est aléatoire. C'est l'hôtel où commencent mes séjours en Chine continentale.

A mon arrivée dans une chambre l'été dernier, j'ai été surpris de voir toutes ces choses que j'avais oubliées, objets, instruments. Le sentiment troublant d'avoir été là tout au long de l'année qui s'était écoulée depuis ma précédente visite. La chambre a une odeur curieuse, légère ; ayant été la première que j'aie sentie à mon arrivée en Chine, elle est devenue pour moi marqueur de l'Extrême-Orient. Le fauteuil fait un bruit étouffé très éprouvant lorsqu'on le déplace sur la moquette, bois contre tissu : il faut faire attention ; un mauvais geste m'a aussitôt ravivé la mémoire. La fenêtre coulissante s'entrouvre toujours de la même manière. Elle donne sur une de ces voies rapides de la Chine nouvelle, large, perpétuellement chargée. Les voitures y défilent jour et nuit, j'ignore où elles vont – c'est ce qui fait leur charme. La bouilloire à thé rappelle en quelle partie du monde on est. Le vieux poste de télévision également. Dans cet hôtel au luxe devenu désuet, délaissé par les autres voyageurs, plus que partout ailleurs, j'ai eu le sentiment d'être un rien aux portes de l'infini. Un sentiment que l'on éprouve souvent, il me semble, notamment en Chine, qui est plus un continent qu'un pays, où, pour reprendre une expression coréenne, on est telle la crevette entre deux baleines. Délicieuse méditation que j'aimerais pouvoir revivre une fois encore.

Quand les grands pays deviennent tiers-monde :
le luxe brisé

Le luxe et le faux confort connaissent deux mouvements opposés dans le monde non occidental : tantôt on s'efforce désespérément de le créer de toutes pièces, tantôt on l'abandonne, le laisse dépérir. Le cas le plus savoureux pour moi est le grand luxe apparu ces derniers temps dans certains hôtels des pétromonarchies arabes, démesure ridicule de qui ne sait pas compenser par l'argent les fautes de goût, et qui évoque plus les caricatures d'un journal satirique ou les fantasmagories d'un fou au mauvais sens du terme qu'un hôtel où le séjour serait appréciable. On aurait tort de ne se moquer que d'un pays : il est non moins hilarant à mes yeux de regarder les photos des demeures les plus coûteuses d'Amérique : je peine toujours autant à comprendre quel intérêt on peut y trouver.

L'inverse est moins souvent évoqué. Dans certains pays, le dépérissement économique et social confère aux hôtels une saveur très particulière. Des hôtels qui jadis étaient des établissements de luxe, qui en conservent parfois des traits, aujourd'hui ressemblent plus à un musée à moitié abandonné. Une expérience intéressante, quoique pas la plus typique, fut celle de mes séjours dans un hôtel d'une ville de Transylvanie, totalement ignorée en Occident, mais fort importante pour les Roumains de par son histoire et en tant que symbole national : Alba Iulia. Cet hôtel était probablement un bijou sous le régime communiste, conçu dans une architecture typique, avec une débauche de ce qui jadis était le luxe, notamment dans les parties communes : rideaux, tables imitant toutes sortes de styles européens, fausses dorures. Les ascenseurs me firent en particulier une forte impression : d'un autre temps, totalement pittoresques, ils étaient de ces lieux où on se sentait subitement plus religieux que jamais.

Plus triste, ces hôtels d'Afrique qui ont vécu la déchéance de leur pays. Cet hôtel de Lomé, autrefois pôle magnétique pour les touristes, symbole de grand luxe, aujourd'hui repaire de prostitution dans un quartier mal famé, devant employer des dizaines de gardes de sécurité pour rester en service tant bien que mal – sachant que personnellement ces gardes m'angoissent plus qu'ils ne me rassurent. Cet hôtel, le meilleur, paraît-il, de Tizi-Ouzou, qui, il y a quelques décennies encore, ne désemplissait pas de touristes occidentaux, et qui est aujourd'hui entouré de barbelés. Désespérément vide.

Eloge des hôtels pas chers :
la fonction politique des hôtels

Lors de mon dernier séjour à Budapest, qui à vrai dire n'était qu'une nuit d'escale, j'ai choisi l'un des hôtels les moins chers. Ce fut une excellente idée : situé dans un ancien monastère, il offrait non seulement des murs épais garants de tranquillité, mais aussi et surtout était un véritable lieu de passage européen. Certes, je suis trop timide pour établir des contacts avec des inconnus, surtout en Europe, mais l'idée d'être dans une salle de petit déjeuner avec des Anglais, des Allemands, des Hongrois, des Slovènes, et Dieu sait qui encore, a de quoi enthousiasmer. En prenant de la nourriture sur les buffets, j'essaie discrètement de faire des repérages linguistiques. Souvent, j'arrive à comprendre ce que les gens disent, parfois à récupérer ainsi des trucs et astuces.

Mon meilleur souvenir de ces hôtels-lieux de rencontres a été cet établissement à Yerevan : en tant que tel, il n'avait rien d'exceptionnel ; ce qui m'a bluffé a été l'ambiance au petit déjeuner : la moitié de la salle parlait persan, l'autre moitié hébreu. Ebahi, je passais d'un groupe à l'autre. A ce stade, nous sommes au-delà de la simple fonction de brassage des hôtels économiques : il s'agit d'un véritable rôle politique. Les hommes politiques de ces pays (et d'autres) ne se parlant pas, je juge remarquable et riche d'instructions que les hôtels puissent tenir ce rôle dans la pratique.

Autre lieu économique de rencontres : cette pension au cœur de Séoul, avec ses chambres minuscules, sa propreté maniaquement respectée, toutes sortes d'appareils high-tech dans l'espace restreint, et surtout la diversité des langues pratiquées dans le tout petit coin repas. J'ai noté, point attendrissant, la confiance que faisait la pension, offrant gracieusement par exemple l'accès à des machines à laver en libre-service, des micro-ondes, etc. A l'observateur attentif, la configuration des hôtels en dit plus que dix heures de cours sur tel ou tel pays.

Manger

« Quand vous arrivez en un lieu, vous devez d'abord apprendre comment on y mange. » Je ne saurais mieux formuler ce point que ce moine bouddhiste qui commença ainsi son propos sur l'étiquette monastique.

113

Manger demeure toutefois une véritable difficulté pour moi, peut-être la plus importante, lors de tout voyage ou presque. L'activité la plus critique du périple, la plus stressante. Il est pour moi ahurissant de voir toutes ces pages sur la gastronomie de telle ou telle ville : je cherche pour ma part quelque chose, n'importe quoi de correct, pour calmer l'estomac à des heures plus ou moins fixes, c'est tout.

Aujourd'hui, onzième jour (un quasi-record pour moi) dans le même hôtel, j'ai appris que les organisateurs n'avaient plus prévu d'organiser de repas pour nous. Pas de problème, pensaient-ils : n'y a-t-il pas des restaurants et magasins aux alentours, et ne peut-on pas réserver par soi-même un repas à l'hôtel pour ceux qui préféreraient ne pas se déplacer ? C'est d'ailleurs ce que tous feront. Je n'ose pas. Une âme charitable, surprise par ma question tant elle croyait que c'était évident, m'a indiqué le chemin vers le magasin le plus proche, mais, bien sûr, je me suis perdu et ne l'ai pas trouvé – pourtant ce n'est pas bien loin. Donc, comme de coutume, ce sera menu sardines pour moi, celles que j'ai rapportées de France. Avec un sentiment de culpabilité : la porte de ma chambre affiche bien quatre croix gammées, ce qui signifie en Asie du Sud-Est que le lieu est végétarien, et qu'en conséquence il ne faut pas y manger de sardines : il me faudra aller aux toilettes pour ce faire.

Berlin est, je dois le reconnaître malgré ma germanophilie, un enfer pour moi. Les gens vantent en général ses restaurants, où on peut se nourrir à satiété pour une poignée d'euros. Or, tel est précisément le problème : étant donné que le parc de restaurants est considéré comme de qualité et peu cher, accessible à tous, il y a peu de lieux « alternatifs », peu de petits coins, « sur le pouce », comme on dit. Il est plus compliqué d'acheter un sandwich dans la rue et de le manger en marchant à Berlin qu'à Paris. Je n'ai pas vécu longtemps à Berlin, aussi j'ignore ce que j'aurais fait dans pareil cas. Ce qui est un avantage pour la plupart des gens est clairement un inconvénient pour ma représentation mentale de la ville.

Le meilleur souvenir

Alors, où est le vrai bonheur ? Quel pourrait être mon meilleur souvenir d'une nuit d'hôtel ? La question est complexe, le choix malaisé. Peut-être que la nuit qui m'a le plus ému a été celle que j'ai passée une fois dans ce que j'appellerais le luxe authentique, à savoir historique, sans touristes de masse (en vérité, je crois qu'il n'y avait guère d'autres clients au même moment), sans nouveaux riches : un ancien caravansérail réaménagé à Kashan, la Maison Manuchehri. Dommage qu'ils aient voulu singer les hôtels occidentaux en proposant un petit déjeuner du même type, inadapté à l'endroit. Je me souviendrai longtemps de l'intense silence de ce lieu à l'orée du désert, de l'air très sec où on sent les fines particules de roche, du ciel immaculé, du plan d'eau plat comme un miroir, du bois qui acquiert cette texture particulière après des décennies (des siècles ?) dans le désert. Sans oublier que je n'avais payé que 40 dollars.

Regarder les gens des villes

C'est au bout de l'Orient que je l'ai rencontrée. Là où la bande côtière chinoise – qui concentre des centaines de millions d'âmes – elle-même prend fin, se fracture en une multitude d'îles, comme si face à l'immensité de la mer la nature seule et non les hommes pouvait s'avancer. Née selon la légende sur l'îlot de Putuoshan, aujourd'hui dans la province du Zhejiang, Guanyin est une figure complexe, à la croisée des cultures et des siècles. Au-delà de son histoire, le nom de Guanyin demeure dans ma mémoire : « Celle qui voit [ou contemple] les sons du monde ».

Avec le cours des temps, la pression humaine se fit plus forte. A l'orée du paradis des îles de Guanyin grandit une immense métropole, Shanghai et ses villes associées. C'est donc un univers de béton strict que les statues éthérées de la déesse regardent de loin, à travers un maquis d'eau et de fragments de terre. Un face-à-face qui en fin de compte ne fait que donner plus de sens encore à son nom.

Associer le sens de la vision aux sons peut paraître inapproprié. Les personnes synesthètes, elles qui voient les sons en couleurs, contrediraient cette conception

117

restrictive. Ou, plus simplement encore, comment ne pas voir en la ville le meilleur exemple de fusion entre sons et vision ?

Je suis un enfant des villes. A elles est consacré ce chapitre. Né à Charenton, ayant grandi à Alfortville durant le plus grand nombre des jours de l'enfance. Assurément, ce ne sont pas là les immenses cités de l'Asie. Néanmoins, pour moi, la campagne relève du concept, de l'abstraction, du récit. Je ne sais ni distinguer les champignons dangereux ni observer la faune des forêts. Je ne sais ni faire du feu ni chasser. Les blocs d'immeuble, et non les troncs des arbres, ont été les piliers de mon imaginaire.

Où est la plus belle ville au monde ?
Echecs et névroses

En voyage, inévitablement il sera question de la plus belle ville au monde. J'aime ce sujet, tant il montre comment les préférences esthétiques de la plupart des gens sont orientées selon des critères dont on ne se rend souvent pas même compte. Le non-voyageur a le plus souvent une idée parfaitement établie ; à une opinion divergente, il réagit par le mépris, sentiment qui exprime et protège la névrose. Le voyageur a, quant à lui, entendu bien des choses sur le sujet.

La plus belle ville au monde est évidemment Paris, dans un contexte français habituel. Un discours en sens contraire, en soi assez rare, est traité soit par la condescendance (il provient d'un provincial peu au fait des charmes de la capitale ou d'un étranger qui n'a pas encore eu la chance de la découvrir), soit avec une volonté de décrédibiliser le témoignage de l'autre (le provincial ne sait pas ce qui est beau ou encore l'étranger peut être vraiment anormal du fait de sa culture bizarre, et ne pas être d'une lucidité suffisante). En contexte russe, il s'agit bien entendu de Moscou, et les gens seront choqués de constater qu'il puisse exister des êtres qui n'ont pas le même avis. En Israël et dans le judaïsme, Jérusalem sera l'élue ; il s'agit même d'un article de foi, puisque, selon un passage talmudique célèbre, dix mesures de beauté sont venues sur terre, et Jérusalem en a gardé neuf. Au demeurant, la beauté de Jérusalem n'est pas une simple querelle d'esthètes, puisque l'une des premières scissions au sein du peuple juif, entre juifs et samaritains, semble provenir d'une querelle entre la loyauté au mont de Jérusalem (Sion) et au mont Garizim. Dans d'autres pays, moins centralisés peut-être sur le plan culturel, il peut y avoir plusieurs villes en compétition : ainsi, en Ouzbékistan, Samarkand et Boukhara sont rivales, la première assimilée à une jeune femme maquillée et parée de tous ses bijoux, la seconde à une jeune femme qui n'en a nul besoin. Par chance pour l'Iran, mais au désespoir de ses habitants, Téhéran, la mégalopole qui engloutit tout et polarise de plus en plus le pays, est frappée d'une déficience décisive que nul ne peut nier : elle est laide, ou du moins ne saurait rivaliser en beauté avec d'autres cités iraniennes. A l'inverse, la culture allemande (ou suisse) ne semble pas prévoir une primauté automatique de la beauté de Berlin. Les tentatives dans ce sens de l'époque hitlérienne sont oubliées depuis longtemps, et Berlin pourrait bien être plus populaire chez les étrangers que chez les Allemands. Pour ceux-ci, la plus belle des villes est tantôt une ville de vacances, tantôt une ville proche de leur lieu de naissance, ou encore un lieu symbolique et historique comme Heidelberg.

Les tentatives de description des villes se heurtent à un obstacle immédiat : la non-neutralité du jugement. Les villes présentes dans l'univers affectif de toute personne sont en nombre restreint. Avec une identité forte pour chacune, étroitement mêlée moins à des paramètres inhérents à la cité qu'aux souvenirs d'événements personnels. D'autre part, le propre des villes est qu'elles avalent leurs habitants : les percevoir de l'extérieur est une expérience rare, et ce d'autant plus lorsque, ironiquement, on les connaît mieux et les habite. Les villes abolissent la rationalité.

Il ne s'agit pas d'une vue de l'esprit. Le bonheur du voyage, c'est de s'en rendre compte. Face aux multiples réponses, contradictoires, mais toujours orientées selon les mêmes schémas simplistes, on est confus un temps, avant de retrouver un autre équilibre dans et par le sourire. Mes parents réagissaient aux divergences des réponses par le sarcasme : par exemple, en racontant avec force détails la vénération outrancière dont faisait objet la ville de Moscou lorsqu'ils l'avaient connue il y a près d'un demi-siècle, ils y voyaient matière à plaisanterie sur tantôt le système mental soviétique, tantôt le centralisme russe. Je suppose que le Français en général, c'est-à-dire non parisien, adopte spontanément un mécanisme mental de préservation quelque peu analogue : devant, par obligation patriotique, reconnaître la supériorité de la beauté de Paris, il n'en songe pas moins, dans son for intérieur et face à des entourages restreints, à telle autre ville ou à tel village avec bien plus d'affection.

La ville idéale vue d'Autistie

Gilles Tréhin, probablement le premier adulte français avec autisme à avoir témoigné de son vécu et de ses talents multiples dans les médias, et que j'ai la joie et le privilège de compter parmi mes amis, a consacré une bonne partie de sa vie à imaginer et créer une ville imaginaire, Urville. Chaque bâtiment, chaque quartier est non seulement dessiné, mais en plus possède une histoire, une identité propre.

Ne sachant pas créer une ville de toutes pièces, je ne peux que méditer sur une typologie de celles, existantes, que j'ai pu découvrir à tel ou tel moment de ma vie. L'un des plus étranges critères, et pourtant les plus fondamentaux à mes yeux, est celui qui constitue le plus considérable avantage de Paris sur d'autres villes : le grand nombre de cours de langues auxquels on peut y assister, parfois sans payer. Le tableau se gâte dès lors que l'on considère les facteurs que l'on devrait tenir pour attenants, notamment la qualité physique des universités. Sur ce point, Paris, comme la France en général d'ailleurs, est fort à la traîne. Ainsi, pour citer des exemples un peu extrêmes, l'université de Balamand au Liban ou le nouveau campus de celle de Tizi-Ouzou sont largement supérieurs à leurs homologues parisiennes. Même en y incluant les écoles et grandes écoles privées, du moins celles que j'ai pu visiter. Autre petit signe inquiétant : dans beaucoup de pays, l'université est un lieu central des villes, avec des stations de train et des quartiers à son nom ; à Paris, les universités n'ont jamais réellement été implantées dans le paysage – seule exception possible, le bâtiment historique de la Sorbonne, de plus

121

en plus grignoté par l'administration et devenant donc plus un bâtiment ministériel parallèle qu'autre chose, demeure à l'écart des grands axes. Rien de comparable à Bucarest, Prague, Tel-Aviv, Moscou, Berlin, Téhéran et tant d'autres.

Autre paramètre auquel je suis attentif : la manière dont les villes importantes mettent en scène le pouvoir politique. Un abîme sépare des villes comme Moscou, où tout est fait pour impressionner, pour montrer la puissance du pouvoir face au tout petit individu, et des villes où le pouvoir, lorsqu'il est présent, reste à taille humaine : je pense notamment à l'Islande, aux pays scandinaves Estonie comprise, à la Suisse. Plus le palais présidentiel est entouré de rues barrées, plus il y a de policiers, plus je prends peur et plus la ville perd des points dans mon esprit. Il est d'ailleurs symptomatique que la performance économique d'un pays soit inversement proportionnelle au nombre de gardes du corps et l'ultra-protection ostentatoire du chef. Pour répondre à une objection possible : tout n'est pas que question de taille du pays. Ainsi, à Berlin, la sécurité est peu visible, même près des lieux de pouvoir, qui, Parlement historique excepté, n'ont rien de tape-à-l'œil. A l'inverse, la petite Tunisie bénaliste se caractérisait par la croissance cancéreuse du palais présidentiel, qui annexait de plus en plus de villas et de terres, tout en se dotant de lois restrictives de plus en plus draconiennes. Avec une ironie finale : dans la plupart des cas, les grands despotes qui construisent les bunkers les plus élaborés et les palais les plus fortifiés n'ont pas même le loisir d'en faire usage. A mon avis, le ministère estonien non gardé, dépourvu de grilles aux fenêtres, ou encore son président, qui laisse le jardin de sa maisonnette ouvert à tous, sont plus en sécurité que l'hyper-bunker des dictateurs.

Un autre critère, plus évident, est sans doute la dimension des villes. On dit, et j'aurais tendance à le croire, que la taille optimale d'une métropole est d'environ un demi-million d'habitants. Du moins tels sont les calculs allemands. Les Islandais, quant à eux, pourront aisément rétorquer qu'une cité comme Akureyri propose à peu près tout ce qu'il faut à la vie avec une population cinquante fois inférieure. Toutefois, je crois que la taille optimale d'une ville pour disposer d'une offre de cours suffisante est légèrement supérieure au chiffre allemand. D'autre part, sur le plan artistique, une ville doit engendrer une certaine frustration, un certain sentiment de rejet du monde entier de la part de ses propres habitants, attirer suffisamment de marginaux pour être créative : c'est ce qui, à mon sens, a longtemps fait la fortune artistique de Paris ; pour cela, dépasser le million me semble indispensable. Symétriquement, je crois qu'au-delà d'une certaine dimension la ville perd tout : que dire de Téhéran par exemple, où il faut parfois prévoir une journée entière pour traverser l'agglomération ? Il est quelquefois plus rapide de se rendre dans une ville voisine que de changer de quartier. Assurément, la taille brute n'est pas tout : l'urbanisme fait le reste, tant certaines villes, même grandes, donnent l'impression d'être restées à l'état de villages verdoyants ; Berlin est ici un bon exemple.

J'opposerais les villes polyglottes aux villes monolingues ou, pire, monocolores. Tout le drame est que Paris le devient fortement. Et s'appauvrit en proportion. Jadis, Paris était une ville polyglotte ; du temps de sa splendeur, tout le monde rêvait de Paris. Ne nous y trompons pas : c'est l'interaction quotidienne des petites gens, notamment des bizarres et des étrangers, qui crée à terme de la grandeur, et non un décret gouvernemental, ni l'ouverture de boutiques duty free pour une riche clientèle, même venue du bout du monde. Je reste jaloux de villes polyglottes comme Luxembourg, Tallinn, ou même, à une autre échelle et malgré les problèmes du moment, véritable négation de son identité historique, Tunis. Londres aussi, à sa manière, même si la polyglossie n'est pas totale.

Le point peut paraître déroutant, mais je crois en la nécessité, pour qu'une ville reste ou soit créative, de disposer d'espaces qui ne servent à rien. Le désastre des plans des nouveaux quartiers parisiens, y compris celui que l'on a appelé bien à tort le Nouveau Quartier latin, tient précisément en ce qu'on a soigneusement évité les espaces qui ne servaient à rien, les tenant pour dangereux ou sources potentielles de problèmes ; par suite, le quartier est mort hors des heures de travail, et surtout nul échange non astreint au diktat de la productivité immédiate entre gens différents n'y est possible. A mon sens, l'aptitude d'un lieu à engendrer la frustration est une qualité appréciable à certains égards – ce qui naturellement ne gomme ni ne justifie les désagréments causés pour la vie quotidienne. Certaines banlieues ont ce don, hélas pas utilisé à bon escient. Ma zone frustrante préférée est la zone hôtelière à Beauvais : nul ne peut trouver de charme et s'attarder dans ce lieu de bâtiments préfabriqués, d'hôtels bas de gamme, d'axes routiers près d'un aéroport en forte croissance. C'est précisément pourquoi je m'y sens bien, car l'espace est synonyme de voyage imminent.

Belles de nuit, belles de jour

Certaines villes sont tenues pour belles de jour, d'autres pour belles de nuit. Parmi les secondes, on cite parfois Tel-Aviv. Pour moi, cela signifie avant tout que les villes belles de nuit ont beaucoup à dissimuler, en termes de saleté, de désordre ou encore d'anarchie architecturale. En somme, je ne suis pas un partisan de la nuit en ville, du moins au sens où on le dit souvent. Je reste toujours autant perplexe devant la dénomination de « quartier branché », et l'injonction faite toujours et encore dans les brochures touristiques à absolument se rendre dans de tels lieux. Un quartier est-il branché parce qu'il dispose de l'électricité ? D'Internet ? S'il est simplement à la mode, à quoi est-il branché ? Téhéran, malgré tout, est une ville assez humaine, car elle n'a aucune vie nocturne.

Ma ville de nuit préférée est sans doute Taipei. A cause d'une promenade que j'y ai faite, de nuit, par-delà la rivière Tamsui. A cause de ses marchés nocturnes, à l'ambiance bon enfant, et où on peut manger pour pas cher. Sans parler de l'expérience inoubliable que constitue le fait de pouvoir se rendre en métro directement dans des plantations de thé, par exemple à Muzha, un nom aussi doux et mystérieux que la nuit elle-même.

Chemin de fer métropolitain
– la ville dans ses entrailles

Les chemins de fer, dit-on, sont un centre d'intérêt majeur chez les jeunes autistes. Bien que je sois peut-être à cet égard un peu plus américain, à savoir que l'avion a désormais ma préférence, j'ai gardé une vieille affection pour les métros. Contrairement à certains de mes amis, il ne s'agit pas de centres d'intérêt structurés, exhaustifs : je ne sais pas plus donner l'itinéraire en métro entre deux stations choisies au hasard sur n'importe quel réseau de métro, comme mon ami Valentin, que je ne peux parler des heures sur les moteurs d'avion, comme mon autre ami Stéphane. Je me souviens d'impressions, de quelques lectures et histoires.

J'ai dédié, comme beaucoup de mes camarades avec autisme, tant d'heures à lire des ouvrages sur le métro de Paris. Son histoire, ses histoires, ses secrets. Une partie de cet enthousiasme demeure, assurément. Mais comment ne pas sombrer dans la désillusion ? Le métro de Paris est frustrant. En fin de compte il est assez moyen, au sens premier du terme. Il a quelques mystères, mais pas trop. Il est un peu moderne, mais pas trop. Il a une histoire intéressante, mais rien d'extraordinaire non plus. C'est un métro pragmatique, qui a été moderne, qui a vieilli, qui a été remis en état tant bien que mal. Qui remplit sa mission de transit quotidien de millions de gens, sans autre prétention. Certes, cela est peut-être lié au fait que je n'ai pas connu les aspects les plus pittoresques de ce réseau, les Sprague-Thomson, les voitures de première classe (quoiqu'il me semble que, durant mon enfance, il y en avait encore, toutefois mes parents n'ont jamais acheté les billets nécessaires pour y accéder), les poinçonneurs, l'ancienne station de métro de la gare du Nord. En tout cas, dès que j'ai pu commencer à voyager par moi-même, les découvertes de métros se sont succédé : Berlin, Budapest, Prague, Moscou, Bucarest, etc.

Souvenirs de métros du monde

Après une petite hésitation pour désigner le meilleur métro au monde, du moins de ceux que j'ai connus, je nommerais celui de Taipei. Il a presque tout pour lui : la propreté, un réseau bien développé, en ville comme dans la nature avoisinante – dans combien de villes au monde pouvez-vous aller dans des plantations de thé en métro ? –, les passagers civilisés au meilleur sens du terme. Les graphismes faisant allusion aux dessins animés, sont un petit plus qui lui confère par moments un côté irréel, plus proche de l'univers onirique de l'enfance que de l'âge adulte. En numéro deux sur cette grille, je placerais le métro de Séoul, un peu moins propre et lumineux, peut-être car plus ancien et plus grand – néanmoins excellent.

Le métro de Moscou en est en quelque sorte l'antithèse : autant le métro de Taipei est propre, autant celui de Moscou est douteux. Autant on multiplie les courbettes dans le premier, autant on risque avant tout de croiser des individus brutaux et antisociaux dans le second. Et pourtant, pour des raisons différentes, j'y suis fort attaché. Si j'ai des sentiments pour le moins ambivalents envers la ville de Moscou, le métro moscovite est probablement mon endroit favori. Pas tellement pour la fameuse décoration de nombre de stations : elle est trop récente pour être authentique. Plutôt pour l'aspect technique. Les rames sont anciennes, très anciennes. De l'époque où on pensait encore que l'industrie lourde soviétique changerait le monde. Elles foncent à une vitesse folle dans les tunnels, notamment en bout de ligne, quand la distance entre les stations est maximale : je recommande en particulier la ligne 1, dans ses cinq ou six dernières stations avant le terminus Sud-Ouest. C'est là que l'on entend le mieux le cliquetis du métal, et qu'on a parfois l'impression que le moteur s'emballe, très au-dessus sans doute de la vitesse maximale permise (si toutefois il y en a une ?), dans une lutte entre le moteur et le frein, que l'on peut suivre à l'oreille. Au demeurant, je me suis souvent posé des questions quant à la puissance de ces moteurs, au vu de la rapidité des accélérations, et la fameuse question de l'adhérence des roues sur le rail : à Paris, on a dû introduire le métro à pneu pour y remédier, alors que visiblement les ingénieurs soviétiques avaient trouvé une solution moins exigeante. La fermeture des portes est fort différente de celle que l'on connaît par exemple à Paris : plus brutale, elle se fait d'un coup. Mais mon son préféré est celui, très spécial, que l'on entend lorsqu'on est à quai, et qu'une rame est sur le point de s'immobiliser : dans l'ultime seconde avant l'arrêt, le bruit du moteur devient un bref instant particulièrement grave ; on peut d'ailleurs écouter le même dans les villes qui utilisent encore ces rames-là, à Kiev, Tbilissi, etc. Soit dit en passant, les rames MI 79 du RER B parisien offrent un moment intéressant du même acabit, cette fois lorsque le train est à l'arrêt, et que soudain l'électricité parvient aux moteurs, sans que le convoi soit encore en mouvement. Après un si animé voyage, une voix d'un ton qui jadis passait pour majestueux annonce la station : « Bibliothèque Lénine. » C'est à la fois drôle, triste et inoubliable.

Le métro de Budapest est un entre-deux : à moitié soviétique, à moitié fort moderne, tout dépend quelle ligne vous prendrez et sur quelle rame vous tomberez. Les annonces en sont pour moi l'intérêt majeur : pour un non-magyarophone comme moi, les annonces sont incompréhensibles, dans une langue parfaitement exotique. Longues, dites d'un ton assuré et poli, on croirait à un sketch ou un film d'antan dont on aurait modifié les voix. Je ne peux m'empêcher de ressentir un sentiment de distinction dans le métro de Budapest, assez peu commune en Europe de l'Est ; difficile de savoir si ma perspective de touriste peut l'expliquer à elle seule. Sur la ligne historique, la plus ancienne du réseau, comment ne pas se sentir aux temps de l'Autriche-Hongrie ? Jamais ailleurs dans un métro ou dans un train, je crois, je n'ai autant ressenti le monde d'hier qui n'est plus.

Un métro inclassable à mon sens est celui de Bucarest. On a clairement voulu en faire un réseau modèle, avec cependant les difficultés que l'on imagine. Certaines stations sont dans un style unique, glauques survivances de Ceaușescu, sales et irrégulières, tout en ayant parfois une originalité telle, comme par exemple la station Piața Romană, qu'on pourrait presque pardonner ces défauts. Le meilleur moment pour moi dans le métro de Bucarest est l'annonce des stations aayant un quai à gauche : *Cu peronul pe partea stângă* : le premier « a » de *stângă*, une voyelle sombre qui n'existe pas en français, est lourdement appuyé par la voix préenregistrée, bref, une expérience à vivre qui mériterait à elle seule le voyage et que je me remémore avec bonheur. Avec toutefois des regrets pour l'élimination des anciennes rames : les nouvelles sont trop lisses, trop utilitaires, trop réussies pour une « machine à voyager », pour parodier Le Corbusier.

Pour le métro de Téhéran, je ne sais que dire. L'ayant pris à de nombreuses reprises, j'ai plus l'impression qu'ailleurs qu'il cache quelque chose. Les plans sont grandioses : ce pourrait devenir d'ici quelques années le plus grand réseau au monde. Or, on ignore tout de l'état effectif de ces lignes fantômes : sont-elles creusées ? Aménagées ? Comment y travaille-t-on ? Nulle réponse. Le métro téhéranais ne manque pas de qualités : propreté absolue, du même niveau que dans les plus propres pays d'Asie orientale, annonces originales, publicités remplacées par des messages culturels ou religieux. Le cérémonial de politesses ou courbettes quand on cède sa place à une personne âgée est remarquable. Toutefois, pour l'heure, le métro de Téhéran reste désespérément sous-dimensionné, bondé. La vitesse des rames n'est pas suffisante eu égard aux distances à parcourir. Peut-être que ce métro deviendra un réseau de référence ; pour l'heure, il s'agit encore d'une ébauche, certes très intéressante.

La ville en tant que zone d'expérimentation :
regarder les gens

Le métro, comme les villes en général, est un excellent lieu d'observation de la nature humaine et de ses différentes déclinaisons culturelles. Peu après le début de mes trajets solitaires dans le métro, je compris que les métros et les villes allaient devenir mon observatoire. A l'instar de ce jeune autiste anthropologue sur Mars qui apprend en regardant les êtres étranges autour de lui, j'écoutais, ébahi au début, réfléchissant de plus en plus, tentant de tirer des enseignements de ce que j'entendais.

Un point assez amusant à observer au début fut la manie consistant pour les couples de placer la femme côté fenêtre, et son conjoint côté couloir : protection ? Possessivité ? Conséquence non voulue de la règle de priorité faisant asseoir la femme d'abord ? Dans l'avion, j'ai multiplié les tests amusants, car la présence fréquente de trois (et non deux) sièges permet d'évaluer les différentes hypothèses : j'ai ainsi voulu savoir si, moi étant assis bien entendu côté hublot, chose que je réussis généralement à obtenir par divers artifices, le couple allait se répartir les deux sièges restants de l'une ou l'autre manière ; en d'autres termes, si la femme serait mise au milieu, pour profiter au moins un peu du hublot, ou si elle serait au contraire placée côté couloir. L'expérience montre que dans la plupart des cas, du moins en Europe occidentale, la femme est placée côté couloir. La preuve que, dans la répartition des sièges, la priorité aux femmes, la volonté d'offrir aux femmes la vue du hublot et la volonté de les protéger des allées et venues dans la couloir étaient toutes trois combinées largement moins importantes que l'envie d'éviter les contacts de la compagne avec un autre homme.

Une deuxième observation m'a conduit à opposer généralement les métros (ou tramways) allemand et français : est-ce que, quand quelqu'un s'assied près de vous (l'inverse est impossible, car jamais je ne m'assieds dans les moyens de transport aux places non fixées à l'avance près de quelqu'un déjà assis), il se lèvera pour aller ailleurs dès lors que la rame se videra, ou bien restera-t-il près de vous jusqu'au bout ? En d'autres termes, le confort personnel et celui de l'autre priment-ils ou non sur la peur de vexer l'autre en se levant pour l'abandonner ?

Un critère majeur m'est venu à l'esprit après de nombreux traumatismes mentaux : en effet, il s'avère que dans les foules les gens se touchent avec une fréquence très variable selon les cultures. Dans certains pays, on cherche à éviter le contact physique à tout prix. Ailleurs, par exemple dans les pays arabes ou en

Chine, il n'est pas problématique (du moins à l'exception du contact hommes-femmes dans le premier cas). Je ne parviens par ailleurs toujours pas à comprendre l'écart des pratiques entre par exemple la Chine continentale et les pays voisins.

Les gens de la ville sont-ils gentils ?

Retrouver Paris après une longue absence est une expérience douloureuse. Celle de ces jours de fin d'été 2009 le fut tout particulièrement. Après deux mois passés au Moyen-Orient, je redécouvrais une ville devenue inconnue. Etrangère. L'étroitesse de l'espace me frappait notamment. Ou encore l'aspect pathologiquement stressé des habitants, courant en mode de survie à droite, à gauche. Le plus inquiétant était à venir : au bout de quelque temps, je ne ressentais plus rien de tout cela. J'étais redevenu parisien.

Y a-t-il une fatalité des grandes villes ? L'ami de mon ami, nous gratifiant de son plus bel accueil, un soir d'été 2010, à la nuit tombée, en cette mystérieuse petite ville de Shahroud (littéralement la « rivière du roi ») de l'Iran oriental, soudain se mit à nous expliquer ce qu'il pensait des habitants de Téhéran, la grande ville à huit heures de train de là. « Ce sont des ordures », avait-il plus ou moins dit, joignant le geste à la parole, multipliant les tournures imagées. « Des crapules. » « Ils n'offrent pas l'hospitalité », jugement sans doute le plus grave pour lui. Avait-il raison ? Question de point de vue. Il est en revanche manifeste qu'il y a une différence entre les Téhéranais et les autres habitants du pays. Une différence que chacun perçoit, mais que l'on peine à cerner précisément. Et dont l'origine pourrait être encore plus floue.

Autre soir d'été. Assis dans le hall d'un hôtel de semi-luxe, car parfois le hasard et les invitations me mènent en ces lieux, regardant pour tromper l'attente les lumières de Jérusalem s'allumer de l'autre côté de la vallée, je vis du coin de l'œil un petit groupe s'asseoir à la table d'à côté. La conversation s'y engage, à moitié en français, à moitié en hébreu. J'écoute, distraitement au début, puis avec plus d'attention. Un jeune, visiblement soldat ou officier, conte avec jubilation ses actes et hauts faits, réels ou supposés. Inévitablement, la discussion porte sur les Arabes, sur leurs méfaits et méchanceté. Jusqu'à ce que la conversation passe à un sujet inattendu : les habitants de Tel-Aviv, la grande ville à quelques dizaines de kilomètres de Jérusalem (laquelle pourtant est également devenue une grande ville, mais n'aime pas se concevoir comme telle). Les Tel-Avivois sont mauvais, vicieux. Ils menacent l'équilibre du pays. Mais pourquoi donc ? Selon l'orateur, ils vivent dans une bulle (comme sont censés le faire les autistes ?) et donc ne perçoivent pas suffisamment le danger que représentent les Arabes. La diction du rhéteur s'emballe, quelque secrète passion semble l'animer. Après plusieurs phrases pour délayer l'effet potentiellement blessant de ce qui va suivre, il va au bout de ses idées : la seule manière, selon lui, pour que les habitants de Tel-Aviv soient ramenés à ce qui pour lui est raison serait qu'ils reçoivent des missiles arabes en abondance sur la tête. Il regrette beaucoup que ce ne soit pas encore arrivé. Ses interlocuteurs écoutent en silence. Aucun ne désapprouve. Quant à moi, je juge plus qu'opportun de rejoindre alors ma chambre. Je pensais connaître le désamour envers les grandes villes ; une aussi étrange vision du monde était nouvelle pour moi. Je n'allais pas tarder à comprendre qu'elle était plus répandue que je ne le pensais.

La ville et la mort

L'un des sujets que la ville moderne évite soigneusement est bien la mort. Quand elle dispose de cimetières, il s'agit soit de cimetières anciens, des temps où la règle n'était pas encore si fermement établie, soit de cimetières éloignés, ultra-périphériques, dans les lieux où nul ne va. La justice ne considère-t-elle pas comme un mauvais traitement le fait d'infliger le spectacle de la mort à des enfants ? Pourra-t-on un jour porter plainte contre ses proches décédés pour demander réparation des dommages qu'ils ont causé par leur passage de vie à trépas ? Pourtant, j'aime visiter les cimetières. Assurément, certains sont plus intéressants que d'autres. Il est des villes qui se découvrent mieux par leurs cimetières : Saint-Tropez, Menton bien sûr, mais aussi Istanbul, Rabat, sans même évoquer Jérusalem. Les vieux cimetières juifs sont une expérience à part entière, et je recommanderais davantage celui de Worms que celui de Prague. Dans les cimetières, y compris ceux des plus animées mégapoles, vous fuirez la foule des touristes, les marchands de pacotille et même les pickpockets. Contrairement aux musées, votre visite de l'histoire de la cité sera normalement gratuite – peut-être sera-t-elle même plus complète.

Au-delà des cimetières, parfois c'est toute la ville qui devient drapée de mort. En Europe occidentale, pression économique oblige, on a peu de villes mortes au sens exact du terme, en totalité ou en partie. Mon premier contact avec l'une d'elles restera gravé dans ma mémoire. C'était après une nuit éprouvante, nuit de doutes, la dernière sur place, où je pensais être pris au piège du Sistan-o-Balouchestan, ne plus pouvoir en sortir, retrouver Téhéran, la modernité lointaine. Au matin, dans la chaleur relative de ce qui était pourtant l'un des jours les plus froids de l'hiver, je finis par trouver la station de bus. Et, après des heures d'attente, le bus vers l'ouest s'ébranla. Passa les check-points, marquant chaque fois de longues pauses. Soudain, le néant : sur des centaines et des centaines de kilomètres, un paysage entièrement minéral allait nous accompagner. Calme et ensoleillé au début, de plus en plus étrange par la suite. Ce n'est qu'en fin d'après-midi, au cours d'une escale, que je compris : le sable fouettait le visage avec une violence telle que la tempête de sable s'annonçait redoutable. Au cours du trajet, le chauffeur s'arrêta : la police venait de donner ordre à tous les bus de cesser de circuler. Je sortis, titubant, au milieu de nulle part. Une voiture, l'une des dernières encore sur la route, roulant lentement, s'approcha. Un inconnu se proposait, gracieusement, de m'accompagner à destination. Par une visibilité nulle, entre des palmiers presque couchés sous la râpe sableuse qui s'abattait sur eux, j'entrai dans la cité maudite de Bam. Nuit dans un petit hôtel, dont le patron expliquait avec force détails qui avait péri comment et dans quelle chambre lors du tremblement de terre.

Au petit matin, tout cela n'était qu'un mauvais souvenir. Le soleil dans un ciel absolument immaculé, de ceux que l'on ne peut trouver en Europe, même rurale, annonçait une belle journée. Je voulais bien sûr voir la citadelle, l'*arg-e-Bam*. Le patron de l'hôtel, toujours gratuitement, se proposait de m'y accompagner en voiture. Professeur retraité de poésie persane, il me récita de nombreux poèmes de Hafez et Saadi en cours de route. Soudain, il ouvrit la portière, dit : « Que Dieu vous garde », et repartit. J'étais seul face avec ce que je n'avais osé espérer voir un jour : une puissante cité venue du fond des âges, intégralement vide. Dans le silence du désert et l'absence de vent. En Europe, les antiques cités sont soit détruites et méconnaissables, comme Pompéi, soit réduites à quelques maisons détournées à un usage touristique. Ici, rien de tel : l'antique ville de Bam émergeait comme un vaisseau fantôme des temps révolus, hors du monde des hommes.

Conclusion : les villes, d'avion, de loin

D'avion, la nuit, toutes les villes se ressemblent. L'affirmation n'a l'air de rien. On pourrait la contester : qui ne reconnaîtrait pas sa ville, même de haut, même de loin, même la nuit ? Pourtant les lumières sont les mêmes, en France comme en Asie centrale : un point jaune cerné de noir. Fragile et si obstiné signe de présence humaine, à l'image de notre destinée. Les monuments caractéristiques des grandes villes, leur fierté et, dit-on, leur identité sont généralement invisibles, réduits à leur juste valeur. Certes, on peut observer que, par exemple en Allemagne, les petites lumières jaunes sont assez uniformément réparties, alors que la campagne française est plus vide, avant l'immense concentration des éclairages à Paris.

Toutefois, même Paris, vu d'avion, est si petit. Ce matin même, revenant de Quimper en avion, j'ai revécu ce paradoxe : comment est-il possible qu'une si puissante ville, où tant de gens déploient des stratagèmes désespérés pour s'emparer d'une maison ou, ô fantasme, d'un palais, ne soit en fin de compte qu'une sorte de maquette à la taille d'un terrain de jeux pour enfants ?

En somme, je mets au défi de distinguer, vues du ciel et de nuit, c'est-à-dire dans les conditions les plus propices à cerner la véritable nature des choses, une ville américaine d'une ville chinoise. Une ville israélienne d'une ville iranienne. Peut-être qu'un jour je parviendrai à piéger et faire douter quelque grand patriote de l'un de ces pays. Pour l'heure, je ne songe qu'au message humaniste : nous sommes fondamentalement si semblables.

Nature et exil

Les gens non autistes sont décidément bien bizarres. Parmi leurs particularités que sans doute jamais je ne comprendrai, une me taraude l'esprit depuis longtemps : pourquoi les personnes non autistes, dans leur écrasante majorité, quand elles prennent des photos de vacances ou des photos de paysages, éprouvent-elles le besoin irrésistible d'être photographiées, ou de photographier quelqu'un de leur entourage ? Si le paysage leur plaît, pourquoi s'y surajouter ? Quel est cet étrange besoin d'être photographié devant la statue de la Liberté, la tour Eiffel, à la plage ou en montagne ? Souvent, on accuse les personnes autistes de ne pas percevoir « correctement » le monde extérieur, mais ici, ce sont plutôt les personnes non autistes qui vivent dans leur bulle égotique.

« Tu es un extrémiste », a résumé mon amie de longue date, Florence, ma préférence en matière de paysages. Il est vrai que souvent j'ai gardé un état d'esprit d'amateur de records : le lieu le plus froid, le plus sec, le plus chaud, et ainsi de suite. Une sorte de prolongement à l'âge adulte (mais que veut dire cette expression ?) d'intérêts plutôt liés à l'âge enfantin. Ce qui est un peu

paradoxal, attendu que je ne suis pas un grand explora-
teur, un aventurier amateur de sites extrêmes, où la survie serait en jeu : je ne suis ni alpiniste, encore moins
spéléologue (sinon dans mes rêves), ni un Théodore
Monod des déserts, qu'ils soient chauds ou froids. Je
suis plutôt en quête de paysages qui marquent, de paysages qui orientent une destinée.

Il n'est pas évident, et en un sens c'est heureux, de
définir le caractère mémorable d'un paysage, de savoir à
l'avance si tel ou tel paysage possédera ce trait ou pas.
Curieusement, bien qu'étant plutôt un « visuel », comme
bon nombre de personnes autistes, rarement les images
de voyage montrées dans des publicités me laissent un
souvenir durable et m'incitent à entreprendre un voyage.
Ce que l'on nomme des « visuels » dans le jargon publi-
citaire est largement voué à l'échec. La littérature sur
l'autisme explique souvent ce trait par le manque d'associations socialement correctes (c'est-à-dire allant dans
le sens de la publicité) : par exemple, une photo de palmiers n'évoquera pas toujours à des personnes autistes
des vacances passées, encore moins les vacances idéali-
sées de telle ou telle star dont on a entendu parler dans
la presse people. Le mécanisme exact pourrait être multi-
ple : défaut d'association comme on le dit, mais aussi
sans doute absence possible de souvenirs de référence
(par exemple, nombre de personnes autistes n'ont jamais
eu de vacances à la mer, et donc l'image ne peut jouer),
et surtout système de préférences différent : je repense
à Kathia, jeune femme avec autisme, et son explication, particulièrement vive, du dégoût qu'elle avait ressenti lorsqu'elle avait été emmenée une fois à la plage.

Peu importe à vrai dire le mécanisme intérieur
de chacun. L'important est de partir à la chasse ou en
quête de ces images. On peut les trouver sur n'importe

quel support ou presque : l'un des meilleurs exemples d'images exerçant une influence durable et quasiment magnétique dans ma vie intérieure est cette photo, que j'ai dû voir une ou deux fois dans un très épais livre américain, d'une vallée du Caucase, avec ses hautes montagnes, un cours d'eau, aucune trace humaine, le tout bien entendu, âge du livre oblige, avec des couleurs aussi éloignées de la réalité que des photos contemporaines. Je crois que c'est cette image qui m'oriente aujourd'hui, un quart de siècle plus tard, vers le Caucase, et que je tente de reconstituer et peut-être revivre en y allant. Par la suite, elle s'est enrichie des récits que j'ai pu lire ou entendre sur des voyageurs tels que Dumézil. En somme, plus qu'une madeleine proustienne, ce sont les éléments vus lors du voyage qui éveillent ou non un univers intérieur ; une fois de plus, je crois que Mircea Eliade a su, mieux que les autres, témoigner de ce phénomène.

Paysages d'avion

N'étant pas un aventurier pour m'y hasarder en personne, les paysages les plus forts qu'il m'ait été donné de voir (hors photos et cartes postales) ont été ceux que j'ai pu observer d'avion. A cet égard, tous les vols ne sont pas propices. Ceux au-dessus de l'Europe continentale, sauf peut-être dans la zone alpine et pyrénéenne, sont particulièrement décevants : au cours d'un Bucarest-Paris, surtout de jour quand les jeux de lumière relèvent de la banalité, vous ne verrez rien de spécial – peut-être un joli crépuscule, au mieux ?

Mes plus anciens et marquants souvenirs ont été fournis par mes deux premiers vols depuis le Proche-Orient vers la France : la Grèce, la côte ex-yougoslave et son chapelet d'îles, et surtout ce coucher de soleil que j'ai longuement contemplé jusqu'à la disparition des dernières lueurs, et qui m'a donné l'impression d'avoir appris davantage en quelques minutes que durant tout mon séjour de plusieurs semaines au Proche-Orient. Depuis lors, j'ai gardé une certaine nostalgie pour les vols vers l'ouest au moment du coucher du soleil : il s'en trouve retardé, ralenti, et pour peu que vous soyez du bon côté de l'avion, le spectacle sera inoubliable.

J'ai hélas moins de souvenirs de l'inverse, à savoir des levers de soleil : je choisis d'ordinaire des vols du soir ; et lors des longs vols de nuit, au lever du soleil je suis soit endormi, soit hors d'état de contempler. Néanmoins, mon plus beau lever du soleil dans l'avion a sans doute été lors de ce vol Bakou-Paris en janvier 2013, un de ces petits matins d'hiver où l'air est cristallin, et où j'ai pu voir le Daguestan sous une épaisse couche de neige, puis la Tchétchénie, Makhatchkala et Grozny, entre les hautes montagnes du Caucase oriental, au caractère extraordinairement sauvage et indomptable.

La deuxième meilleure aurore fut sans doute lors de ce vol de Lomé à Casablanca : parti très tôt le matin, situé du bon côté de l'avion, j'ai pu suivre le jeu des premiers rayons dans le sable infini, au-dessus du Niger et du Mali, puis des montagnes du Maroc du Sud, les immenses et immuables wadis, défiant les millénaires dans un paysage parfaitement minéral. Et que dire de ce court vol intérieur de Reykjavik à Akureyri, accompli au cœur de l'été et pourtant au-dessus de paysages polaires, où les plus hauts volcans disparaissaient euxmêmes sous une épaisse couche de neige !

Tout de ces paysages aériens n'était pas prévisible. Et les surprises sont le plus souvent les meilleures : il ne suffit pas, heureusement, de réserver une place dans un vol donné pour disposer d'un spectacle garanti. La surprise, ce peut être un violent orage d'été perçu près de Budapest. Ou encore, aujourd'hui même, cette arrivée à Kiev. Soudain, juste avant l'atterrissage, l'épais voile de nuages bas s'est déchiré, et je vis un paysage comme il y a mille ans, quand quelques groupes slaves peuplaient le Dniepr : plaines sans limites, lugubres par leurs dimensions, terres fertiles pour les hommes mais conçues pour les esprits d'un autre temps.

Avez-vous déjà traversé l'Iran en avion ? Cette expérience mériterait en soi le voyage. Naturellement, il faut être près du hublot et, dans certains cas, du bon côté de l'avion. Il faut également s'armer de patience : on se demande toujours : « Combien de kilomètres encore ? » C'est alors que l'on prend conscience de l'immensité de cette région du monde. Une région vide, presque totalement minérale, parcourue de stries diverses, de monts et montagnes isolés ou en chaînes, plus sombres encore que le sable, comme pour dire que les pierres souffrent elles aussi de l'excès d'UV. En cela, les déserts de l'Iran sont bien différents de ceux d'autres pays, plus plats, comme noyés sous le sable, sans cette forte personnalité qui fait naître les rides.

Au coucher du soleil, les ombres décuplent le relief tourmenté. Les sommets luttent pour accrocher encore quelques lueurs de leur tortionnaire. Le soleil, avant de disparaître, se teint en rouge bonbon, porte son propre deuil. Rarement, très rarement, telle ou telle petite lumière s'allume alors, comme pour dire que la vie humaine, ici ou là, à une échelle quasiment atomique, n'a pas tout à fait disparu. Puis vient la nuit noire, le terrible sentiment d'isolement de chaque petite lumière, qui elle non plus ne tardera pas à s'éteindre.

Ou encore, dans un autre registre, prenez l'avion de Bakou à Dubaï, si possible en hiver. Sur la gauche, après quelques dizaines de minutes, après la mer, apparaîtra une muraille blanche, une succession alpine de hauts sommets. Avec, au loin, une silhouette extraterrestre : au-dessus de toutes les autres cimes, tel un objet géométrique aux formes parfaites planant dans les airs, trône le roi des montagnes, le mont Damavand, dont le nom est étymologiquement apparenté à celui de l'Himalaya.

Tentatives d'aventure

Hier soir, juste avant la nuit noire du Caucase où le soleil, couché depuis longtemps, a laissé place à une obscurité où on distingue encore vaguement les grandes silhouettes, je suis parti de la baraque en bois où nous demeurions. Certes, je ne suis pas allé loin. Je n'ai pas les compétences de survie requises pour errer dans le Caucase, pas plus que je n'avais envie de prendre de risques inconsidérés.

Et pourtant, la rapidité avec laquelle on sort de la sphère des réflexes connus pour entrer dans un monde de sensations pour ainsi dire archaïques ne manque pas de surprendre.

Aussitôt l'espace restreint qu'éclaire l'ampoule suspendue à l'entrée de la maison franchi, s'ouvre l'univers que je ne connais que par les contes de fées – et de fait peut-être que nul ne le connaît autrement que par ce biais, tant il semble dépasser les repères culturels en usage ailleurs. Le petit chemin de terre menant aux cinq maisons du village, anodin de jour, devient une expérience de vie. Rien à faire, on a beau rationaliser, se dire que l'on peut rentrer à tout moment, que l'on n'ira pas loin, qu'il ne peut rien arriver de mauvais ; les montagnes noires du Caucase, entre lesquelles on n'est qu'un petit être insignifiant, dans l'espace comme dans le temps, reprennent tous leurs droits – surtout quand on hasarde un regard sur la voûte étoilée. Nous font revenir à l'âge où la zone de mystère commençait à quelques pas de la porte, et où le danger rôdait en tout lieu.

Avec toutefois des implications inattendues : quand le lointain bruit de pas qui met tous les sens en alerte, puis la silhouette noire, se révèle être un voisin connu, bouderies et névroses égoïstes laissent place à de chaleureuses retrouvailles et, souvent, pays oblige, en soirée autour de litres de vin et de *tchatcha*.

A cet égard, l'architecture des maisons de bois caucasiennes est éloquente. Contrairement aux maisons traditionnelles roumaines (ou de l'Europe très rurale en général), elles ont une mission qui prime sur les autres : assurer la défense contre les éléments et le danger des rôdeurs, bêtes et hommes. La palissade, largement symbolique et décorée en conséquence, délimitation de l'espace sacré qu'a dépeint tout au long de sa vie Mircea Eliade en arrière-fond mental à ses investigations les plus diverses, des maisons roumaines, disparaît au profit d'éléments de défense plus efficaces : habitat regroupé, dissimulé dans la montagne, parfois sous une forme troglodyte, maisons aux murs renforcés, avec une entrée de dimensions réduites.

Dans certaines régions particulièrement reculées et montagneuses telles que la Svanétie, les maisons traditionnelles sont doublées de tours, un peu à la manière de celles de Bologne, mais à vocation plus défensive. Et contrairement aux châteaux forts européens, elles ont plus souvent servi, non point à tenir à l'écart quelque envahisseur (qui voudrait envahir un tel territoire ?), mais dans les cas de vendetta au sein même du village. En Khevsourétie, elles sont parfois devenues la résidence même.

Je pensais en avoir fini avec ces lignes, écrites il y a trois jours. Si j'y reviens aujourd'hui, à la veille de quitter cette partie du Caucase, c'est qu'une nouvelle m'a été rapportée par plusieurs villageois : dans la maison voisine, la nuit dernière, une femme imprudemment sortie a été dévorée par les loups. Son corps défiguré a été retrouvé au matin. Son enterrement aura lieu demain. Comme dans Pouchkine, les monts du Caucase garderont à jamais leur terrible secret.

Train vers l'est

Ce fut un grand voyage à l'époque pour moi. L'une de mes premières vraies aventures. Jamais je ne l'oublierai. Pourtant, je n'y avais pas cru. Je ne le pensais pas possible. Mehmet, valeureux camarade de classe à l'université de Téhéran, Turc polyglotte et aventurier hors pair bien que d'une dizaine d'années mon cadet, a tenu conseil avec son ami Ümit, dont le nom signifie « espoir » en persan turquisé. Ümit, quant à lui, aime errer dans les villages de Chine occidentale, un petit guide (photocopié, car il n'y a pas de petites économies) à la main. Le résultat de leurs délibérations ne pouvait donc être un projet de week-end sédentaire, quelque part à Téhéran. Ils m'ont ensuite annoncé le résultat : nous irons à Mashhad, la ville sainte du Khorasan, aujourd'hui près de l'Afghanistan. Un instant incrédule, j'eus une poussée d'adrénaline : jamais je n'avais osé, dès ce premier voyage en Iran qui en soi me paraissait hors norme pour moi, imaginer d'aller aussi loin.

Les péripéties administratives résolues (je devais prolonger mon visa et récupérer mon passeport), j'ai dévalé, nerveux car fort en retard, en sueur tant la chaleur du mois d'août à Téhéran, même dans les parties élevées, dans la montagne, est importante, la colline du quartier de Velenjak vers l'allée Vali-Asr (littéralement, l'« allée du Maître du Temps », la grande artère de Téhéran). Mes amis m'y attendaient. Long trajet en bus vers la station ferroviaire, où je ne m'étais encore jamais rendu, tout au sud de la ville, dans les plaines. Sprint final jusqu'au train qui s'apprêtait à partir. En quelques minutes, l'inconcevable pour moi était réalité : j'étais dans un train iranien, en partance pour l'est, vers la frontière afghane, avec deux jeunes Turcs dont l'un était un parfait inconnu. Le trajet dura deux jours, y compris une nuit chez un ami d'amis, s'achevant par une longue route nocturne, dans la vieille voiture d'un vieux monsieur rencontré dans une bourgade de l'Iran oriental. Le premier jour, ce sont les montagnes du nord de Téhéran qui nous tenaient compagnie sur la gauche, seuls points de repère dans une plaine rocailleuse, dans le cliquetis régulier des roues du train et les vibrations de l'air surchauffé. Le lendemain, les montagnes ont laissé place à des paysages afghans hors du temps, des chèvres broutant les rares brins d'herbe d'une steppe infinie, non loin de leur berger à la peau sombre et ridée sous les assauts du soleil depuis des temps immémoriaux.

Lors de ce voyage, les paysages les plus marquants ont sans doute été ceux, paradoxe fréquent, que je n'ai pas vus : la dernière partie du trajet se fit dans l'obscurité. Nous avions attendu sur le bord d'une route près de Nishapur, dans la pénombre d'une chaude et longue soirée d'été. Une très vieille voiture, digne de celles de Cuba, arriva. Un monsieur, cheveux blancs comme neige, se proposa d'être notre taxi. Ainsi, j'ai découvert le Khorasan, littéralement le « pays du soleil levant », en ne le voyant pas dans la nuit noire. N'ayant rien vu, j'ai tout imaginé. Plus tard, je revins dans la région par une glaciale matinée d'hiver, quand les brumes se confondent avec la neige. Les paysages lunaires désolés étaient comme je les avais mentalement entrevus en cette nuit du destin.

Les lieux d'exil, lieux d'accueil

La violente polémique, aujourd'hui tombée dans l'oubli à peine quelques jours après avoir sévi dans tous les médias de France, autour de la jeune femme rome Leonarda a porté sur une question à peu près unique, éclipsant toutes les autres : devait-elle, oui ou non, revenir en France ? L'implicite de la question n'a jamais été abordé, tant était évident, pour ses partisans comme pour ses opposants, que vivre au Kosovo est une punition ou du moins une souffrance grave ; vivre en France est bien meilleur. Loin de moi l'idée de contester ces points, d'autant plus que le Kosovo est un pays très récent, les souvenirs des guerres et leurs ravages n'y sont pas loin. Peut-on toutefois avoir une pensée plus large sur les lieux d'exil, au-delà d'un cas particulier ?

Une grande librairie parisienne, avant l'affaire Leonarda : dans le bien garni premier étage dédié en bonne partie aux guides de voyage, les couvertures aux photos alléchantes sont omniprésentes. Panoramas urbains, déserts, plages, tout y est. Destination à la mode, la Croatie est à l'honneur, éliminant totalement, phénomène intéressant, la Serbie par exemple. Et parmi les guides dédiés à cette partie du monde, ceux sur le Kosovo trônent en bon lieu. Assurément, pour le touriste, le Kosovo ne manque pas de charme. L'autre jour, une télé américaine en faisait la promotion comme d'un lieu pour les investisseurs. Cependant, comment est-il possible que ce que tous les Français tenaient pour un lieu évidemment sordide devienne pour les mêmes personnes une destination de choix ? A titre personnel, n'ayant jamais pu visiter ce pays, je serais prêt à profiter de la formule touristique mise en place par les autorités françaises : vol aller gratuit et un peu d'argent de poche pour le séjour et le retour. Promis, si telle est la condition, j'accepte de ne prendre aucun papier pour être un véritable sans-papiers lors du voyage aller, de partir sans livres, calepin ni agenda.

L'observation est plus générale. Dans beaucoup de pays, l'exil ou, comme on dit aujourd'hui, l'éloignement passent pour les pires châtiments. Une loi britannique, quelque peu tombée dans l'oubli mais toujours en vigueur, réprime plus spécifiquement les outrages à la reine : il s'agit de l'Acte sur la félonie et la traîtrise (Treason Felony Act), pas moins, de 1848. En traduction libre : « Toute personne, au sein du Royaume-Uni ou en dehors, qui ourdirait, imaginerait, inventerait, mettrait en place ou envisagerait de priver ou d'écarter notre Très Gracieuse Majesté Dame la Reine de son style, honneur, nom royal ou de la couronne impériale du Royaume-Uni [etc.], sera coupable de félonie, et condamnée de ce chef sera châtiée en étant déportée par-delà les mers jusqu'au terme de sa vie ici-bas. » Malgré le décalage dans le temps et sous le style grandiose, pointe exactement le même mécanisme : la conviction que rien de pire ne peut advenir que d'être déporté au loin, plus précisément en Australie, et ce pour les habitants du

Royaume-Uni comme pour ceux qui ne le sont pas. Je me souviens qu'en lisant ce texte de loi j'avais eu un moment d'enthousiasme, enfin sur le point de découvrir une astuce pour visiter gratuitement l'Australie. Las, il semblerait que la déportation pour outrage à la reine ne soit plus pratiquée depuis plus d'un siècle.

Quoi qu'il en soit, les termes d'exil et d'asile sont remarquablement plurivoques. Ainsi, l'asile désigne aussi bien un lieu dont la souffrance est absente que le lieu psychiatrique où elle était (est ?) fort présente. L'exil peut être le choix d'un lieu de vie au détriment d'un autre, tout comme être le résultat d'une sanction. On ne sait comment considérer ces notions ; seul compte le fait qu'il n'y a pas de jugement neutre à leur sujet.

Dans l'histoire, nombre de pays ont structuré l'exil, en créant des procédures spécifiques, en y dédiant des régions géographiques. Ce que l'on nomme progrès technique a naturellement démultiplié les possibilités. La Russie tsariste puis communiste avait la Sibérie, la Chine le Yunan, la Perse déportait au Sistan-o-Balouchestan. Peut-être du fait de mon esprit mal tourné, je ne puis écarter une pensée : fondamentalement, ces trois provinces pourraient bien être, pour un visiteur, les plus intéressantes et enrichissantes de leur pays respectif.

Déserts

Ani yeda'tekha bamidbar, beeretz taluvot, « Je t'ai connu au désert, au pays de la soif ardente » (Osée 13, 5). Difficile de trouver une meilleure phrase pour évoquer le désert. Pourtant, le désert n'est pas un lieu déterminé. Aucun ne ressemble à un autre. Tous se définissent plus par un manque que par une qualité propre.

Le désert, c'est un peu un grand malentendu. On le prend pour ce qu'il n'est pas, on y voit ce que l'on veut y voir, c'est-à-dire le plus souvent soi-même, et ce sont les pensées de ceux qui ne le connaissent pas qu'il obsède le plus. Ainsi, vous aurez beau y aller, vous ne verrez jamais le « vrai » désert. Pour prendre de belles photos, il faudra compter sur les brefs instants de crépuscule ou sur la nuit, rarement sur le jour lui-même.

Une ancienne conception des théologiens chrétiens attribue au désert la paternité des monothéismes ; de manière assez remarquable, la thèse est reprise telle quelle chez un critique des religions comme Michel Onfray. Le désert est le lieu de la rencontre avec le divin, de la pureté. Pourtant, il convient d'ajouter que les religions ou les courants religieux qui soutiennent cette thèse ne sont pas réellement des religions du désert au sens premier : ainsi, le christianisme, que ce soit avec la figure du berger ou celle des dignitaires liés à l'Empire romain finissant, en est fort éloigné. Le judaïsme, s'il côtoie le désert, s'il porte son expérience dans son histoire, ne le porte pas dans son cœur : les années passées, selon la Bible, dans le désert, révélation de la Loi mise à part, n'étaient pas particulièrement heureuses : temps de morts, de massacres, de luttes intestines, de doutes, d'errances, d'extrémismes. Une religion pleinement issue du désert telle que l'islam, quant à elle, ne nourrit aucune illusion. Vincent Battesti, dans un article de 1993 sur les « relations au désert dans les religions monothéistes », montre que l'islam, dans son texte sacré, ne fait quasiment aucune évocation directe du désert en tant que tel, et que les composantes du désert n'y représentent absolument rien de positif. A l'inverse, les fleuves, les jardins sont les symboles du bien. Faut-il y voir davantage de réalisme de la part d'une civilisation qui, elle, devait tout au désert et en provenait ? Le désert pourrait donc être à l'image profonde du monde du voyageur : fortement attirant quand on vient de l'extérieur et pour un temps, infiniment décevant quand on l'a pour seul horizon. Après tout, les seuls habitants des déserts ne sont-ils pas des nomades ? Comme par hasard.

Je ne suis pas, hélas, un grand connaisseur de ces lieux. Je ne peux qu'invoquer les mânes de Théodore Monod. Mais y est-il question d'expertise ou de connaissance technique ? Le vrai désert n'est-il pas celui que chaque fois on manque ? Ne donne-t-il pas leçon d'humilité, y compris à ceux qui hâtivement se poseraient en connaisseurs ?

Mon premier contact avec lui fut, je le crois comme pour beaucoup, Massada et le désert au sud de la mer Morte. Il est tout petit, quasiment un safari pour touristes, d'autant plus qu'il est compartimenté selon des lignes politiques aberrantes et, comme le veut la règle, de plus en plus étanches et arrogantes. Certes, ses paysages n'en demeurent pas moins impressionnants ; du moins ceux que l'on peut encore entrevoir entre les faux palmiers des hôtels et autres implantations humaines/touristiques qui parasitent la vue.

Un peu plus tard, j'ai passé quelques jours dans le Sud tunisien, près de Tozeur. Ce fut un voyage auquel je me suis convaincu de haute lutte, tant mes réticences étaient alors fortes. Et ce fut un succès. L'impression d'être sur une autre planète à Shatt al Jarid (Chott el-Jérid), l'immense désert de sel, où même le fait de marcher ne servait à rien, tant le paysage restait toujours identique. C'est non loin de là qu'en une nuit sans lune, âme inquiète, je me suis évadé du camp. Que j'ai couru au loin, derrière vingt dunes. Que les étoiles étaient si près que l'on aurai juré pouvoir les toucher. Que j'ai pensé à Muhammad. A la poésie préislamique et aux dernières sourates, les plus poétiques, du Coran. Pour moi, le Coran est mieux qu'un livre saint : c'est le livre des instants ultimes, ceux où on sait que l'on n'est rien par rapport à ce qui est tout près.

Ce n'est qu'en Asie centrale, par exemple en Iran, que j'ai eu des contacts plus sereins avec le désert. Moins directs, aussi. Des heures passées derrière la vitre d'un bus (ou d'un train, à cela près que le bus peut se rendre en des lieux plus reculés), à regarder les silhouettes des montagnes brûlées par le soleil, paysages purement minéraux des grands déserts. Dont celui de Lout, tellement inhospitalier qu'aucun peuple n'a pu y élire domicile. La couleur noire de ces montagnes se renforce encore lorsque la lumière du jour décline. Longtemps, je m'acharne, tâche de plus en plus ardue, à suivre les contours qui disparaissent. Souvent, dans le sahel ou dans le désert proprement dit, du moins quand on est à l'arrêt, le moment le plus difficile est précisément ce coucher du soleil, où la source d'énergie surabondante, écrasante, s'éclipse pour de bon. Comment fuir la mort ? On fête, dérisoire survivant de la chute du grand astre, l'instant au feu de palmier, qui à son tour rapidement s'éteint.

Biotopes inconnus

La terre compte tant de lieux que je n'ai pu découvrir. La jungle est l'un d'eux. Certes, j'ai pu y faire quelques incursions brèves aux Antilles, un peu plus longues à Taiwan. Mais ce n'est rien. Durant longtemps, j'y ai été réticent. Dans la jungle, où trouver la luminosité du semi-désert d'Asie centrale, son odeur de sable dans l'air, son bois sec d'une si étrange manière ? Alors j'eus un premier aperçu de la littérature sanskrite, où la forêt (*vana*) tient quelque peu lieu de désert.

Cela me paraissait incongru : la forêt vierge n'est-elle pas tout le contraire ? Dans son rapport au temps, à l'éternité, à celui entre vie mobile et cadre minéral ? Le désert tue, mais au moins conserve la dépouille. La jungle vous avale en un rien de temps, sans traces et pour toujours. La réfutation me vint d'un moment inattendu : celui où, lors d'une halte sur une route taiwanaise, je vis pour la première fois de ces nuages à mi-flanc de montagne, nuages qui ont fait la peinture traditionnelle chinoise, et qui sont autant de paysages de l'âme.

Un autre biotope m'est encore moins connu : les climats polaires. La raison en pourrait être fort simple : tout trajet y coûte très cher, et nulle instance ne le rembourse. Mon enfance fut rythmée par la lecture d'un étrange personnage, aujourd'hui tombé dans l'oubli alors qu'il était un auteur à succès, traduit dans toutes les langues : Jan Welzl, que l'on surnommait « Esquimo Welzl », frêle adolescent qui s'était enfui de la maison de son père pour s'enfoncer, sous les quolibets, dans la Sibérie, la traversa bravant mille dangers et vécut sa vie dans l'extrême-nord. Les années les plus douloureuses pour lui furent les dernières, où, de retour en Europe, les gens peinaient à croire à ses récits et se moquaient de sa langue, mélange de toutes celles qu'il avait apprises.

La limite ultime

Ce ne devait être qu'un trajet technique, un déplacement quelque peu pénible car long, un moment désagréable que l'on nous avait dit de traverser en faisant preuve de patience. Instruit par l'expérience, je m'attendais à mieux que ces mots : les trajets ne sont-ils pas le vrai temps de la vie ? Peu après la sortie de Kaohsiung, le bus s'engagea dans des routes de montagne, des montagnes bien différentes de celles, minérales, blanches, surhumaines que j'avais connues durant mon enfance : celles-ci étaient entièrement vertes, accueillantes vues de loin, autrement plus sauvages de près. Après des heures de lent cheminement entre gorges et ravins, on nous annonça la halte dans un lieu naturel remarquable entre Taitung et Hualian. Je savais que la mer n'était pas loin. Aussi, voulant profiter de chaque instant, je courus sans attendre vers l'est, dépassant les places de parking désertées, les bancs, la végétation côtière. Soudain, j'étais seul face à l'immensité. Droit devant, il n'y avait rien avant au moins vingt mille kilomètres et l'Amérique, de l'autre côté du monde. J'étais face au Pacifique. Sur des rochers sculptés d'une surprenante manière qui s'avancent de quelques mètres, hommage de la pierre à l'infini, jonchés de bois minéralisé venu d'autres cieux, je compris alors pourquoi le Pacifique pouvait être dispensé de marées et de tempêtes : lui et ses peuples de l'eau sont en vérité l'éternel présent.

L'insécurité, première des libertés

« Le voyage commence là
où s'arrêtent nos certitudes. »

Désirs d'ailleurs, Franck Michel

C'était à l'heure du déjeuner, un de ces moments horriblement bruyants, pause bien théorique au milieu d'une journée de conférences où mes oreilles et ma tête étaient agressées au-delà du supportable par les décibels. Je retrouvai la seule figure amie, Christine, professeur émérite dans le domaine du handicap. Elle m'interroge sur mes projets de voyages. Je m'exécute bien volontiers. Elle me demande : « Ce n'est pas dangereux ? » Je réponds que non, que dans le pays en question je n'ai jamais été menacé. Nous voici tous rassurés. Toutefois, comment se fait-il, après tout, que l'idée d'éviter le danger soit la garantie suffisante d'un voyage réussi ? Les grands périples des héros de notre enfance n'étaient-ils pas au contraire émaillés de dangers terribles ?

Autre scène. Dans un couloir de l'hôtel de ville de Paris, je venais, à une époque où j'étais obsédé par le sujet, de refaire une tirade à mon employeur et ami, Hamou, sur mon supposé prochain départ au Yémen.

Sachant à l'avance qu'il me mettrait une nouvelle fois en garde contre le danger voire la folie de mon entreprise, je lui assenais que, s'il y a bien un risque fort d'être tué en ces contrées, le risque pour un adulte handicapé à l'inclusion sociale problématique comme moi était de quasiment 100 % que cela se finisse mal dans la vie si... je restais à Paris. Hamou n'a pas répondu, notre conversation a pris fin. Aujourd'hui encore, j'ignore si j'ai eu tort ou raison d'avancer cet argument. On ne peut légitimement, du moins il me semble, balayer par un sophisme tout ce que l'on considère comme règles de sécurité pour le voyageur. Mais peut-on aussi occulter, chose que l'on fait bien plus fréquemment, le triste sort qui nous attend en général, et en particulier les forts risques qui pèsent sur tous ceux qui sont, pour une raison pour une autre, socialement plus faibles que les autres ? On cite souvent la phrase selon laquelle la France ne peut accueillir toute la misère du monde, pour l'approuver ou pour la blâmer, sans pour autant se rendre compte que la France a déjà en elle une misère extraordinaire, tant sur le plan économique que sur le plan symbolique. A qui en douterait, on ne saurait trop conseiller d'aller compter le nombre de SDF à Paris et de comparer le chiffre à celui d'une ville pourtant bien plus grande que Paris telle que Téhéran.

Que dire ? Plus forte que les autres, une histoire vécue remonte à la pensée.

Abdol

Quel réveil ! Une grande chambre, pouvant accueillir une bonne dizaine de personnes. Autant de lits, posés l'un à côté de l'autre. Un petit balcon, d'où on ne voit qu'une cour bétonnée, avec un tamaris pour seul indice de l'ailleurs. Il a un peu plu durant les heures où la nuit redevient jour. Un étrange sentiment de vide plane dans l'esprit : où est-on ? Aucun bruit suspect, pas même un bruit tout court, un de ces bruits du quotidien qui nous donne nos repères, ne vient troubler ces temps où l'esprit tourne au ralenti.

Peu à peu, péniblement, luttant contre l'angoisse des éléments hautement problématiques du réel qui s'accumulent, une conscience des lieux se recrée. Non, ce n'est pas une chambre d'hôtel, quand bien même elle en aurait l'air, plutôt un établissement étrange dont jusqu'à il y a quelques heures j'ignorais l'existence : une « maison des professeurs », ou plutôt une *khane ye moalem*, qui offre des nuitées à faible coût pour les enseignants de la République islamique d'Iran. Comment m'y suis-je retrouvé, moi l'étranger, le non-musulman, et même non-professeur au sens strict ? Les résidents de la chambre voisine semblent fort pieux, eux ; j'ai entendu leurs prières au petit matin. Quand serai-je démasqué ? Geste réflexe, la sortie : quelques pas sur le balcon. Et d'autres éléments inquiétants : du sable, à droite et à gauche. Le désert n'est pas loin. Pire : le Pakistan n'est qu'à quelques kilomètres. L'Afghanistan de même. Ce n'est pas l'axe du mal comme le dirait l'autre, mais le point diabolique où le triangle du mal Iran-Pakistan-Afghanistan prend racine : la ville de Zahedan, dernière cité tant bien que mal digne de ce nom avant les zones sans foi ni loi du Balouchestan.

Car oui, désormais je m'en souviens : hier soir, à la tombée de la nuit, j'avais pris l'avion de l'aéroport de Mehrabad, littéralement la « demeure de la bonté », désormais un faubourg de Téhéran. La dame au guichet à qui j'avais demandé un billet d'avion pour ces lieux avait poussé un petit cri de surprise, comme si j'avais sollicité un billet pour l'enfer. Les Iraniens ne viennent pas ici, alors lui, cet étranger ? Est-il désespéré à ce point pour vouloir en finir précocement avec la vie ? Est-il missionné par Dieu sait quel ennemi ? Tard dans la nuit, j'étais arrivé. Sensation surréaliste des premiers pas sur le tarmac dans la nuit d'un noir d'encre et pourtant chaude. La petite foule de mes copassagers qui se disperse vite. L'unique taxi disponible qui accepte de me prendre. La quasi-absence d'hôtels qui me pousse à venir dans la maison des professeurs – au demeurant fort active, tant, m'a-t-on dit, les professeurs d'université tenus de donner cours à Zahedan font l'impossible pour ne pas vivre dans cette ville, arrivent en avion, passent le cas échéant une nuit dans ladite maison, et repartent aussitôt.

Zahedan est officiellement la capitale de la région du Sistan-o-Balouchestan, l'immense néant où se termine l'Iran. Zahedan est une ville sur les cartes, mais bien moins en vérité : il y a peu encore, les loups venaient la nuit au cœur de la bourgade. Le marché qui envahit les rues par son apparence tient de l'ambiance pakistanaise plus qu'iranienne ; par le contenu réel des échanges, derrière la pléthore de chaussures usagées et toute sa pacotille, il constitue surtout l'une des plaques tournantes mondiales du trafic de drogue. Elle s'y négocie dans le secret des conversations non au gramme comme en Europe, mais par tonnes et convois de camions. Elle n'est pas destinée à l'usage local, mais à être exportée, soit vers les lointaines grandes villes iraniennes, soit, surtout, vers cette autre galaxie non spécifiée qu'est l'Occident, tellement lointain qu'on ne le nomme même plus. Contraste saisissant entre la banalité d'un commerce omniprésent – tant la drogue est ici encore moins qu'ailleurs associée à l'idée d'innocuité, puisqu'elle est destinée à d'autres, et tant elle est quasiment la seule source de revenus à des centaines de kilomètres à la ronde – et la très sévère répression qui en théorie la sanctionne : chaque conducteur de cargaison connaît la règle, le sort qui l'attend : la corde, dans la cour de la redoutable prison de Zahedan, où, dit-on, on est pendu après prélèvement d'un tiers du sang pour éviter les mutineries de dernière minute. Rapidement, pour libérer la place à d'autres. Ou ce peut être l'exécution sommaire, parfois sans sommation, au détour d'une piste, où la fourgonnette chargée s'est malencontreusement engagée sans savoir qu'elle était attendue. Ici, une vie humaine vaut une dizaine d'euros, rémunération moyenne du chauffeur.

Bref, bienvenue dans ce que l'on nomme l'enfer sur terre, le coin le plus perdu des zones perdues de cette partie du monde, le Sistan-o-Balouchestan, dont les guides touristiques donnent pour toute indication : « N'y allez pas. » Dont les tempêtes de sable paralysent toute vie cent vingt jours par an. Dont la chaleur inhumaine du long été asphyxie les plus résistants. Dont les habitants enfin, nomades, sauvages, tribus que nul pouvoir ne sut jamais soumettre, de leurs poignards fourbes ôteront vite, dit-on, toute goutte de sang de votre corps desséché, dès lors que, voyageur perdu, vous vous serez approché en désespoir de cause de l'une de ces tentes noires qui ont couvert tant de sombres secrets.

Pourtant, jadis, les temps furent meilleurs. Des amies m'ont raconté comment, petites filles, elles allaient à pied sans crainte à l'école, traversant dix kilomètres de désert. Comment les anciens haussaient les épaules en voyant pour la première fois de leur vie des policiers, souriant à l'idée qu'il soit nécessaire d'avoir des gens payés pour maintenir l'ordre, alors que la vie traditionnelle paraissait si paisible. Comment, il y a bien des siècles, au temps de Togril Beg – que l'Eternel prolonge son règne à jamais, l'auteur inconnu du *Tarikhe-Sistan*, l'un de ces livres symboliquement fondateurs d'une région du monde –, les êtres les plus vertueux provenaient précisément du Sistan, et ce depuis Garshap, fondateur de Zarang, la ville refuge pour les opposants au règne tyrannique de Zahak, le roi-serpent, une de ces figures archétypales au plus profond de notre inconscient, dont le nom est apparenté à *ahi* en sanskrit, *azi* en avestique, ou plus lointainement, à l'autre extrémité du monde indo-européen, *ophis* en grec, *anguis* en latin, *uz* en slavon liturgique, *uzovka* en tchèque moderne, bref le serpent, ombre inséparable de l'être humain sur la terre. Région que chantait aussi le divin Ferdowsî à la parole douce, demeure lointaine de Rostam, le plus grand des héros.

Pour moi, la réalité fut bien différente : debout, seul, dans des rues beaucoup trop grandes par rapport au nombre de voitures, anxieusement vides, avec des maisons trop éloignées les unes des autres, trop délabrées pour être rassurantes, avec un sentiment obsédant d'être sur une mauvaise planète, j'attendais. On m'avait dit qu'un certain Abdol, Dieu seul connaît son nom et son numéro de téléphone, contact d'une amie de la collègue de la mère de l'épouse d'un camarade de classe, viendrait me chercher pour faire on ne sait trop quoi. Son prénom (ou pseudonyme) m'a longtemps perturbé : il ne me paraît pas grammaticalement correct, tant en arabe « serviteur de Dieu » devrait se dire *'abd-ul-lah*, et non simplement Abdol ; surréalistes réflexions eu égard à la situation, mais aussi et surtout, comme je n'allais pas tarder à le découvrir, car le monde tribal est en fin de compte peu religieux au sens que nous donnons au terme : le Français moyen est vraisemblablement plus imprégné par les religions constituées que nombre de ceux que l'on nomme islamistes. Soudain, miracle, une voiture vient, s'arrête. Sort, d'un pas de danse, musique baloutche de l'autoradio à plein volume, un homme entre deux âges, vêtu comme pour un festival, tenue blanche, pantalon traditionnel surbaissé, cheveux noirs et bouclés, peau sombre, gigantesque sourire. Il est à mon service, me le dit avec moult courbettes. Est-il fiable ? Je l'ignore, j'ignore si la question a un sens, j'ignore même à vrai dire si c'est bel et bien l'Abdol qui devait venir. Que fera-t-il de moi ? Je n'en sais rien. Que voudra-t-il en échange ? Le Tout-Puissant le sait mieux.

L'échange s'engage, dans la voiture. Abdol commence par sa famille, ses enfants, ses amis, morts et vivants. Son persan est magnifique, le mien désastreux ; mais la vraie langue du pays n'est pas le persan, plutôt le baloutche, dont j'ignore jusqu'à ce jour, hélas, à peu près tout. Il a le tact, assez rare en Orient, d'éviter de me poser trop de questions sur ma famille. Soulagement. Il me demande en revanche à de multiples reprises où je souhaite aller. J'hésite entre plusieurs lieux. Finalement, je lui laisse toute liberté. A lui de guider son chameau de fer où bon il lui semblera. Il se dirige plein sud. Passe une station à essence, où il s'approvisionne bien sûr illégalement – mais qu'est la loi ici ? Et vient le bout du bout : le dernier check-point militaire au sud de Zahedan, la frontière entre les dernières traces de ce qui nous tient lieu de civilisation et les zones tribales.

Je ne peux, hélas, tout dire ici de ce que j'ai vu et vécu. Comme le dit Stéphane Dudoignon, savant français qui fut arrêté au Sistan-o-Balouchestan et détenu durant des semaines, il vaut mieux se taire quand la vie des gens est en jeu. Plus lâchement, je tiens aussi à éviter de potentiels ennuis pour moi-même, que l'ignorance des hommes pourrait susciter. J'ai vu le terrible mont Taftan, entre Pakistan et Iran, les paysages redoutables, inhumainement beaux qui l'entourent. J'ai été accueilli sous divers toits, sous diverses tentes, bouche bée face à la gentillesse de gens dont en Europe la police aurait immédiatement décidé l'incarcération sur la simple foi de leur apparence. J'ai dû presque me battre avec le propriétaire d'un très modeste stand en bord de route, à qui j'ai acheté un peu de nourriture, et qui refusait obstinément que je le paie : n'étais-je pas le voyageur, à qui les lois sacrées de l'hospitalité interdisent de demander contribution aux frais ?

J'ignore si je peux le dire. Si moralement la phrase peut être formulée. Je mesure tout ce qu'elle peut avoir de naïf, toute la provocation pour laquelle je présente mes plates excuses d'avance qu'elle peut contenir pour ceux qui subirent dans la chair des épreuves : il se pourrait que moi, l'infidèle, le voyageur égaré géographiquement et psychiatriquement, j'aie été mieux accueilli en zone dite terroriste que nulle part ailleurs.

Au retour, j'eus quelques problèmes. Avec ceux qui étaient censés me protéger. Abdol en eut beaucoup plus. On m'a dit qu'Abdol, après mon départ, pourrait être jeté en prison, coupable de m'avoir fait découvrir gracieusement et de m'avoir fait aimer son pays. Le soir, dans une ruelle sombre de Zahedan et non sur un grand axe pour échapper aux regards, je l'ai embrassé pour la dernière fois. Lui ai dit qu'il était un conducteur hors du commun – compliment stupide sans doute, mais je ne savais en dire de meilleur. Ai répété la formule traditionnelle : « Que Dieu vous garde. » C'était fini. J'étais seul, sans même avoir son numéro de téléphone, rongé de remords à l'idée de ne pas l'avoir rémunéré à la hauteur de ce qu'il avait fait pour moi. Bientôt, je quittai le Sistan-o-Balouchestan, revenant peu à peu vers le monde jugé normal, tandis que mon bienfaiteur était convoqué par l'antiterrorisme.

J'espère un jour pouvoir de nouveau fouler la terre rocailleuse du Balouchestan, apprendre sa langue, découvrir sa culture, pouvoir lire enfin le *Tarikh-e-Sistan*. Et voir enfin peut-être l'un des lieux que je n'ai pu voir et qui hantent ma mémoire, le *qale'e sab*, littéralement le « château maudit », dressant ses murs fantômes de couleur sable au cœur du désert de Saravan.

De quoi la sécurité est-elle le nom ?

Nous sommes à l'âge de la sécurité. Les générations précédentes, et le nom s'est maintenu en certains lieux comme le Liban, ont connu la Sûreté, autre nom d'un type donné de police, mais elle ne concernait que quelques individus dangereux, des malfrats que l'on voulait éliminer. Aujourd'hui, elle est partout. Chaque geste, chaque action doit être précédé d'une évaluation du point de vue de la sécurité, du moins c'est ce que l'on nous enseigne dans le pays qui est à la pointe du phénomène, à savoir Israël.

Le terme clé, c'est *bitachon*. Un composé, comme l'hébreu moderne en compte d'innombrables, issu de la racine b-t-ch, qui indique le caractère sûr, fiable de quelque chose. Ainsi, « je suis sûr » qu'il a bien plu la nuit dernière se dit *ani batuach* (*ani betucha* au féminin). Comment en vient-on de là à une administration tentaculaire et une politique qui régit chaque acte du quotidien ? Un glissement lent de sens, un peu comme

165

avec un autre terme, *hashgacha*, parfois traduit par « providence », et qui désigne l'implication de Dieu dans le cours du monde, ou bien, plus prosaïquement, le contrôle du processus d'élaboration des aliments, pour qu'ils restent conformes à la loi religieuse. Une idée de non-changement dans le temps et d'opposition radicale entre un monde inférieur et un monde supérieur.

Car la sécurité est avant tout question de hiérarchie. Il y a ceux qui savent et ceux qui ne savent pas. Il y a ceux qui peuvent et ceux qui ne peuvent pas. Il y a les fiables et les non-fiables. Il y a ceux qui méritent la sécurité et ceux qui ne la méritent pas. Il y a les lieux sûrs et les lieux non sûrs. Un point que j'ai minutieusement observé est que le degré de sécurité d'un aéroport dépendait de ce que l'on pourrait appeler son coefficient de (Corrado) Gini, pour parler comme les économistes : les aéroports jugés peu sûrs, comme les aéroports centre-européens, ont une certaine procédure, à peu près la même pour quasiment tous, à l'exception, dit-on, du cas rarissime des chefs d'Etat, ou probablement du cas encore plus rare sous ces latitudes d'individus manifestement terroristes, bref d'un Ben Laden en personne. A l'inverse, les aéroports jugés les plus sûrs sont ceux qui établissent la hiérarchie la plus nette entre les gens : en Amérique du Nord, toutes sortes de *profilers* évaluent les passagers, les trient, appliquent différents traitements à chacun. Le meilleur est bien entendu l'aéroport majeur d'Israël, où chacun est noté sur entretien. Où les fiables entrent dans l'avion avec armes, pistolets et couteaux dans les poches, et où les peu sûrs, même nus, ne peuvent entrer. Tendant à titre personnel tantôt vers la première, tantôt vers la seconde catégorie, je ne peux que m'amuser mentalement de l'extrême labilité des critères que j'ai pu éprouver parfois à mon corps défendant. Avec un peu d'expérience, chacun apprend vite ce qu'il faut dire ou non, quelles questions tomberont et dans quel ordre ; certains résidents en Israël sont des maîtres en la matière, et on m'a rapporté qu'il y aurait même des coaches qui vous forment avant tout voyage en avion pour savoir quoi répondre et passer plus vite le filtre de la sécurité. L'une de mes histoires favorites est celle d'un romancier polonais portant le nom de famille, relativement banal dans son pays, de Bierut ; arrivé pour quelques jours en Israël, il fut longuement interrogé puis détenu car son nom évoquait trop, pour les responsables de la sécurité israélienne, Beyrouth, la ville libanaise qui aux yeux de certains sent bon le terrorisme. Inutile d'expliquer, de tenter d'argumenter, que le Liban et la Pologne sont deux pays différents : tous deux sont au nord d'Israël, cela suffit à vous démasquer et vous confondre.

La sécurité se présente volontiers comme une petite gêne indispensable, comme une malheureuse obligation, qui ne doit pas empêcher la vie. Elle n'en est pas moins liée à un système très marqué de croyances générales ; elle en découle et elle le conforte. En fin de compte, elle exige la notion de foi : l'agent en face de moi ou le document émanant d'une autorité assurent la sécurité car ils portent la marque d'une instance suprême, typiquement un sigle de l'État, avec tout ce que cela implique de notions religieuses, de crainte et de ce tremblement sacré qui est au fondement du sentiment du divin, selon les grands classiques de la discipline. Cela explique au demeurant pourquoi la hiérarchie des êtres et des lieux induite par la sécurité est différente de la proverbiale classification, éventuellement la hiérarchie, entre les gens qui ont un chat à la maison et ceux qui n'ont pas de chat : relativiser ou, qu'à Dieu ne plaise, railler les dichotomies de la sécurité impose une liquidation immédiate. De même pour ceux qui oseraient ne pas faire primer la sécurité sur tout le reste. Douter du fondement de la sécurité est en quelque sorte le plus pernicieux des maux.

La foi

Vaines théories que tout cela. Il y a des gens qui souffrent et des victimes, telle est la réalité. Une réalité en apparence la plus objective qui soit, mais qui de fait est fort complexe à cerner.

Beaucoup se souviennent encore du temps, pas si lointain, où l'auto-stop était commun en Europe. Beaucoup, voire quasiment tous, l'ont pratiqué : certes, il y avait l'auto-stop des jeunes vacanciers, mais aussi celui du quotidien : dans les villages les voitures s'arrêtaient pour aider ceux qui marchaient au bord du chemin. Aujourd'hui, il a quasiment disparu : trop dangereux. C'est une réalité.

Pourtant, hier aussi, il y avait des victimes, des histoires horribles telles que l'affaire des disparus de Mourmelon. Sans doute que, objectivement, hier il était bien plus hasardeux de pratiquer l'auto-stop en Europe occidentale qu'aujourd'hui. Mais peu importent les chiffres et preuves : la sécurité est avant tout une affaire de foi.

On pourrait multiplier les paradoxes, certains connus, d'autres moins. Redire que la partie la plus périlleuse d'un voyage en avion est le trajet en voiture qui vous mène à l'aéroport ; on le sait, et pourtant on a peur de l'avion. Que le pédophile n'est que dans une infime minorité de cas un prédateur infâme tapi dans l'ombre près de votre maison, mais plutôt une personne fort respectable déjà présente au cœur de votre famille, voire, plus d'une fois, un membre du gouvernement ou grand journaliste, comme en Angleterre, fort compétent et sympathique pour qui les gens votent volontiers. Et d'ailleurs, plus souvent qu'on ne le pense, une femme. Que dans les pays occidentaux, le nombre de morts dues au terrorisme est statistiquement absolument minime par rapport aux autres causes de décès, y compris violentes, et ce même dans les pays que l'on juge les plus exposés : sait-on que même en Israël la mafia tue beaucoup plus que les terroristes ? Que vous avez infiniment plus de chances de périr sous le poignard d'un assassin sain d'esprit que sous celui d'une personne schizophrène ? Que les hommes sont beaucoup plus susceptibles d'être tués à un moment donné de leur vie, généralement vers la fin comme le ferait remarquer l'autre, que les femmes ? On entre dans ce que l'on pourrait nommer le syndrome du fantôme, selon la petite phrase de la marquise du Deffand : «Je ne crois pas aux fantômes, mais j'en ai peur » : pour bien des choses, le ressenti et la croyance, habilement entretenus, n'ont que faire des chiffres. Et comme pour toute peur, chacun a ses grigris, ses amulettes, voire son sorcier-protecteur plus ou moins imposé, qui moyennant finances et soumission garantit la sécurité contre les démons et contre les hommes.

Quand le danger se cristallise en territoires :
les schémas du monde

Aujourd'hui, 26 septembre 2013, *Libération*, l'un des plus grands quotidiens de France publie une carte des persécutions des chrétiens dans le monde. Un sujet sérieux, où nulle rigolade n'est permise. Une carte objective, donnée et certifiée, sans explications particulières de méthode : elle n'en requiert pas. La souffrance des victimes ne permet pas le doute, et encore moins la négation. Du moins, tel est le message de la carte.

Je ne sais ce qui m'a pris de vouloir réfléchir malgré tout, de vouloir lire la carte. Première petite surprise : le continent américain, entièrement blanc, n'a qu'une touche d'orange : la Colombie. Je passe et repasse en mémoire ce que j'ai pu lire sur la Colombie, pays où hélas je ne suis jamais allé. Quel motif, gouvernemental ou autre, à la persécution des chrétiens en Colombie ? Dieu seul le sait. Ignorant les choses de cette partie du monde, je dois me taire. Plus intéressant, l'Ethiopie y est en rouge clair, sans explications. Surprenant pour un pays majoritairement chrétien, où l'Eglise éthiopienne demeure, même s'il n'y a plus de religion d'Etat, un pilier de l'identité nationale. Peut-être que le journal faisait allusion, sans l'expliquer, aux tensions entre orthodoxes et protestants ? Peu probable, tant le sujet est peu abordé, d'ampleur difficile à estimer, et dont on peine à tirer des conclusions au risque de raisonnements ubuesques, du type les Français sont les premiers tueurs de Français, ce qui est statistiquement avéré, donc il faut les bombarder pour les sauver. Plus probablement, le journal a procédé à l'oreille. « Ethiopie », voilà qui sonne mal. Des images subliminales de pauvreté remontent à l'esprit, d'anciennes campagnes d'appel aux dons. Et surtout, j'ai pu constater que beaucoup de gens pensent en France que l'Ethiopie est un pays musulman, donc oppresseur de chrétiens.

Dernier arrêt sur la carte : l'Iran est coloré en rouge sombre. En d'autres termes, chrétiens, la fosse aux lions vous y attend incontinent. Il y a à peine quelques jours, tout près de la frontière iranienne, un jeune Arménien, fort patriote par ailleurs, me répétait que son pays n'avait rien contre l'Iran, car l'Iran avait toujours, contrairement à d'autres pays de la région, protégé le patrimoine religieux arménien et la communauté arménienne. Qui croire ? Nos experts, nos médias ? Imaginons la scène cocasse où, à Yerevan, je montre à cet Arménien la carte issue du journal français pour réfuter ses dires. J'ai le sens de l'humour, mais je crains que dans certains cas il ne soit pas compris comme tel.

Au-delà des contestations possibles sur tel ou tel point de la carte, on peut également interroger ses choix globaux : il est après tout cocasse qu'un journal dont l'un des piliers est la lutte contre les curés défende soudain les chrétiens, et indirectement évalue les pays du monde à l'aune de leur rapport réel ou supposé aux chrétiens. Car tel est l'effet de long terme : à force de voir des cartes de ce type, une généralisation se fait : chacun visualise, graphiquement et par les noms, quels sont les pays dangereux et moralement mauvais en général. La Birmanie par exemple n'en fera pas partie, car elle s'ouvre au tourisme, car c'est le pays de l'icône Aung San Suu Kyi, car même les plus grands bouffeurs de curés et pourfendeurs de religions aiment les bouddhistes, et car personne en Occident ne parle des massacres de musulmans en cours, qui ont d'ailleurs la pleine bénédiction des élites du pays, lauréate Nobel en tête.

On aurait tort d'accabler un journal occidental donné. Les journaux « orientaux » procèdent exactement de même, hélas. Faire des cartes est également une activité officielle, les grands pays occidentaux ou non en émettant régulièrement à l'usage de leurs ressortissants en voyage dans tel ou tel pays. Il existe un amusant présupposé selon lequel chacun serait en sécurité dans le pays dont il a la nationalité, mais plus ou moins en danger ailleurs ; pourtant, pour ne parler que de ce dont j'ai une certaine connaissance, on peut avec une raisonnable assurance dire qu'un Français a bien moins de chances d'être tué en Iran que dans certains départements français d'outre-mer. Je crois, sans pouvoir le prouver, que la Roumanie est moins dangereuse que la France, ou du moins que la région parisienne ; la France est indéniablement plus dangereuse que Taiwan ou la Corée (du Sud ou du Nord), du point de vue des pickpockets ; d'ailleurs, la réputation de la France en la matière s'est beaucoup dégradée à cet égard et dans ces pays.

Pour une exploration intéressante, voire des moments de franche rigolade, on peut inviter chacun à consulter ce que disent ces sites officiels sur des pays que l'on connaît déjà ou, mieux encore, ce que disent les sites officiels étrangers sur le pays où l'on vit, la France notamment. Il y a de cela quelques années, avant mon unique et très bref séjour à Barcelone, j'avais demandé à Miguel, un ami de là-bas, si c'était dangereux ; il m'avait répondu que la seule fois où on lui avait volé son portefeuille avait été à Lyon, et non à Barcelone. Ou bien, durant mon regretté temps estudiantin à Tallinn, j'allais presque toujours à midi passer les deux heures de la pause dans le quartier du port, tout près de l'université, idéal pour manger tranquillement en regardant s'éloigner ou s'approcher les bateaux ; quelle ne fut pas ma surprise de lire à mon retour les recommandations du ministère français demandant à éviter le quartier du port de Tallinn, celui-là même que j'avais jugé si sympathique et paisible. Autre moment d'étonnement encore, quand j'ai rencontré les chercheurs rattachés au Centre français (et donc officiellement délégués par la France) d'un pays du Moyen-Orient, et dont l'un des sujets de discussion préférés était de railler, parfois en des termes très brutaux, les cartes du ministère.

La liste des moments de friction serait longue et lassante, autant la faire cesser ici. En outre, elle ne mène à aucune conclusion : le site du Quai d'Orsay affirme clairement qu'il ne faut pas se fier aux témoignages d'autres voyageurs ni aux descriptions de la bonté des habitants de telle ou telle contrée labellisée comme dangereuse : en matière de sécurité, la hiérarchie interdit aux petites gens comme moi de traiter des sujets réservés aux grands, notamment aux Etats.

L'insécurité, ce sont les autres – le syndrome du douanier

Mes parents me racontaient dans mon enfance, et j'ignore si cela est vrai mais la phrase m'a marqué, que pour les Italiens toute la délinquance de rue était due à des Tunisiens. Ils le disaient en riant, comme pour souligner l'hypocrisie d'une telle affirmation. Plus tard, on m'a dit que toute la délinquance à la Martinique était due à des Saint-Luciens, de l'île voisine. Inutile d'ajouter qu'en Europe de l'Est, de longue date, la paternité de la criminalité est attribuée aux Roms ou Tsiganes. Vue de Suisse, notamment romande, la délinquance a un nom : ce sont les Frouzes, en d'autres termes les Français. En soi, le constat n'est pas nécessairement faux, tant les rares fois où, même moi, pourtant porteur de passeport français, je me suis senti vaguement menacé en Suisse, c'était de la part de Français. Il procède toutefois du même mécanisme que celui qui voit en l'autre la source du danger. Mettant en lumière certains faits, en occultant d'autres. Phénomène remarquable, le réflexe pour ainsi dire biologique du non-soi s'adapte et survit même dans les discours en apparence les plus éclairés : les médias fiers de leur progressisme tantôt laisseront passer ce type de raisonnement élémentaire, tantôt l'habilleront autrement (par exemple, au lieu d'attaquer les Arabes, on blâmera les musulmans ou l'islam, mais ce sera virtuellement toujours la même catégorie pour le même effet). Tous par contre en France bondiront quand un Suisse influent mettra, même vaguement, en cause les Frouzes : ce sera du populisme inadmissible, signe de l'essor de l'extrême droite et de la faillite morale du régime helvétique.

Le plus triste – ou curieux – est qu'il soit à peu près impossible de s'immuniser contre ces réflexes primaires : même les membres des groupes les plus marginaux ont leurs bêtes noires. Ainsi, cette jeune femme venue d'Azerbaïdjan visiter Paris, de passage pour quelques minutes dans notre cours d'azéri, après avoir décliné ses nom et prénom, a de suite commencé à nous expliquer combien il était horrible que la France soit envahie par les Arabes et qu'il faudrait chasser ces immigrés hors d'Europe. Inutile de multiplier les exemples.

Fort curieusement, le danger ne s'incarne pas dans les seuls êtres humains. Il est, littéralement, dans l'air, dans les miasmes disait-on à une époque après tout pas si distincte de la nôtre. Un cas de figure intéressant est l'eau du robinet : il est indéniable qu'elle est potable en certains lieux, non potable en d'autres. Pourtant, par-delà les considérations biochimiques, la notion d'eau potable est culturellement déterminée, dans un savoureux mélange entre le biologique, l'adaptation de chaque estomac, le rejet ou l'acceptation culturels, et les éventuels phénomènes placebo ou nocebo qu'ils engendrent. On a chacun vu tel Américain en voyage mettre toutes sortes de comprimés dans l'eau qu'il s'apprête à boire, quand bien même il serait dans le pays ayant l'eau la plus saine, bien plus saine que celle qu'il boit chez lui en Amérique : on ne peut pas le blâmer, car deux précautions valent mieux qu'une ; mais quelle structure mentale son geste traduit-il ?

Une série télévisée fort suivie à travers le monde met en scène des douaniers, notamment australiens je crois – mais ce type d'émission existe dans presque tous les pays occidentaux, chaque fois avec d'autres héros et vilains. Leur mission est en même temps horriblement complexe et simple sur le fond : bloquer la menace extérieure, qui naturellement ne songe qu'à s'emparer du territoire national. Contempler le spectacle semble particulièrement jouissif pour les téléspectateurs, comme si un ressort profondément enfoui dans l'âme humaine était sollicité. Malgré tous les efforts de mise en scène, de dramatisation, le quotidien des douaniers australiens filmés est désespérément terne et sans relief : fouiller des chaussettes sales, ouvrir et refermer des valises. Alors que l'on s'apprêtait à s'enfoncer dans le désespoir, survient le grand moment de la semaine : un voyageur, étranger bien entendu, est dangereux ou en infraction. Du moins on le souhaiterait, ne serait-ce que pour savoir que ce travail n'est pas tout à fait vain. Dans l'immense majorité des cas, même parmi les cas sélectionnés pour l'antenne, les critères du danger ont de quoi surprendre : ainsi, ce ressortissant d'Inde, venu pour quelques jours en Australie avec sa famille après avoir longuement économisé et obtenu un visa, ne semble pas bien connaître les villes qu'il s'apprête à visiter. On le soupçonne donc d'être un faux touriste. La même ignorance ne causerait aucun problème, à vrai dire on ne la remarquerait même pas parce qu'on ne poserait pas

175

la question, auprès d'un visiteur occidental ; mais là, un Indien, vous comprenez... Ils seront tous renvoyés, à leurs frais, au pays, et on vantera le fin flair des agents qui ont su neutraliser un tel péril pour la nation. Petit détail : on filmera l'homme, père de famille, le présentera comme menteur et menace pour la sécurité nationale, alors que son épouse sera floutée, de même que leurs enfants ; montrer une femme en fâcheuse posture serait-il indélicat ? Cela risquerait-il de susciter un mouvement de compassion ? Quoi qu'il en soit, la sécurité du pays est assurée, et le téléspectateur citoyen est rassuré. L'enseignement culturel que l'on aurait pu retirer de l'incident, mais que dans le cas d'espèce on a totalement manqué, est que dans beaucoup de cultures on n'est pas censé planifier son voyage : la population locale se met en quatre pour aider le voyageur. Le progrès humain n'est pas toujours là où on le croit.

La sérénité du voyageur,
ou véritable la sécurité intérieure

L'une des affirmations clés du bouddhisme est que la possession de biens, des plus considérables richesses, du pouvoir suprême, même, n'empêchera pas le grand seigneur d'être esclave... de lui-même. De ses pulsions et penchants. On peut souvent l'observer chez les hommes politiques de premier plan ou les grands patrons : généralement, ce qui précipite leur chute est avant tout leur propre attitude. Sans même évoquer leur univers intérieur, laminé par leur statut extérieur.

Il pourrait en être de même en voyage. L'un des plus grands dangers guettant le voyageur est ce que j'appellerais l'autopickpocket. Quand, trop bien préparé aux assauts des voleurs, on a dissimulé de si ingénieuse manière son argent, et en de si nombreux endroits, qu'on ne sait plus soi-même où est quoi, et que l'on traverse des moments de panique, croyant avoir déjà perdu (ou plutôt s'être fait voler) l'argent.

Quand mon ami pakistanais Mahboub (le « Bien-Aimé », en arabe) et moi avions voyagé (trop brièvement, hélas) en Asie centrale, il était sans le sou. Ou plutôt il ne disposait que de la somme strictement nécessaire à son voyage, au *riyâl* près. En arrivant dans le moins cher des hôtels d'Ispahan (l'Amir Kabir, pour les connaisseurs de cet excellent endroit), il négociait encore le prix, dérisoire même selon les standards locaux. Et il était tellement serein... quant à moi, transportant nombre de billets européens et américains, cachés en divers endroits de mes vêtements, ayant peut-être plus d'argent sur moi que Mahboub n'en a gagné de toute sa vie, j'étais anxieux de manquer d'argent, de me faire détrousser, et que sais-je. J'étais mon propre pickpocket. Celui qui détruit ses propres voyages.

Plus tard, en cours de sanskrit, on nous fit lire l'histoire d'un vrai-faux brahmane qui avait dissimulé, nonobstant son vœu de pauvreté, au milieu de sa robe de renonçant, un magot conséquent. A chaque instant, à chaque mouvement, ses pensées allaient à lui : comment le préserver, comment le protéger, comment en taire la présence aux autres personnes. Un jour, laissant sa robe sur la berge sous la surveillance de son plus fidèle élève, il alla se baigner. De retour, la robe et le disciple avaient disparu. Pour sûr, le malheur du brahmane n'avait pas de limites. Pourtant, c'est cet incident qui l'a réellement libéré et lui a permis de commencer pour de bon dans la vie.

J'ai toujours du mal à l'accepter. Pour la première fois sur la corniche de Beyrouth, j'étais hautement angoissé d'être, dès les premiers instants, attaqué par des petits voleurs à la tire. Ce n'est que plus tard que je compris que ce n'étaient que des cireurs de chaussures, et non des pickpockets comme je l'avais imaginé. Les situations inverses existent aussi : il est extrêmement improbable qu'un chauffeur de taxi à Tokyo vous dépouille de vos biens ; pourtant, en vous demandant le tarif normal de la course, il vous prendra plus que le plus voleur et tricheur des taxis de Bucarest.

Une dernière histoire pourra clore ces remarques sur la sécurité des voyageurs. Mircea Eliade rapporte que lors d'un voyage en Suisse, peu après la guerre, il avait été le seul passager du train à être extrait par la douane suisse. En effet, il n'avait qu'un « titre du voyage », carte donnée alors aux apatrides, sur lequel était inscrit « sans profession ». Quelle ne fut pas la surprise du douanier de découvrir une valise pleine de livres écrits par l'apatride sans emploi. Il lui dit alors de faire inscrire sur son document de voyage la mention « homme de lettres ». En voyage, le réflexe premier est de compter sur les statuts des gens. Même le plus raciste des Européens d'il y a un siècle aurait tout donné pour rencontrer un monarque oriental. Voilà ce à quoi il faut s'opposer. Le voyage est l'une des dernières choses qui rassemble les plus pauvres et les plus riches. L'un des derniers creusets d'humanité. Ne laissons pas les considérations parasites le briser.

Identités

Le muezzin juif

Le troisième cours de kurde de ma vie. A l'Institut kurde, un fort sympathique prof, s'exprimant dans un excellent français alors même qu'il ne parlait pas un mot de cette langue il y a trois ans de cela, nous donne notre premier texte à lire tout haut et tenter de comprendre. Vient mon tour. Anxieux, nul en prononciation de toutes les langues, lent voire très lent en lecture à haute voix, j'ânonne quelques mots, fais de mon mieux ou plutôt, selon l'expression consacrée, essaie de limiter les dégâts. Le prof écoute, ne m'interrompt pas. A la fin, d'une voix inhabituellement sérieuse, il dit : « Youssouf [mon prénom en arabe], on voit que tu es habitué à la récitation coranique. » Puis, après une pause, il ajoute, l'air satisfait, devant mon absence de réaction qu'il interprète comme le comportement de qui vient d'être démasqué : « On devine en cours ce que font les gens dans la vie. » Je n'ai pas osé le contester, fier d'un certain côté d'être considéré comme à l'aise en récitation coranique, moi qui ne suis pas musulman et suis incapable de réciter par cœur ne serait-ce que la *fatiha*.

Éloge du voyage

Une histoire encore plus curieuse me revint alors en mémoire. L'été dernier, j'ai été, D.ieu (avec l'orthographe que donnent au terme les juifs pieux) sait pourquoi, choisi pour participer à un séminaire de philosophie juive dans un centre juif religieux de Jérusalem, au demeurant passionnant et d'un bon niveau où j'ai découvert nombre de choses. A l'approche du shabbat, les organisateurs, pour éviter la détresse dans laquelle peuvent plonger en ce jour-là les juifs observants lorsque le cadre ne leur permet pas l'exercice de leur religion, avaient prévu que chacun passe la journée dans une famille. Fort angoissé à cette perspective, je me risquai à l'expérience, me disant que ce serait une découverte. Un jeune Américain, facilement de dix ans mon cadet, avait été désigné pour venir avec moi d'abord à la *shul* (ou synagogue, un terme grec que les juifs souvent évitent), puis dans une famille dont on ignorait tout. On devait rencontrer le monsieur près de l'arche de la Torah après l'office du vendredi soir – une indication vague qui ne fit que décupler mes angoisses.

De plus, nous arrivâmes en retard, ne trouvant pas la synagogue, très simple et sobre, une véritable synagogue de quartier à la française, loin des fastes que l'on aurait pu attendre de la ville-phare du monde juif – j'ai souvent eu l'impression assez curieuse qu'il n'y avait pas beaucoup de synagogues en Israël, et même à Jérusalem ; en tout cas, rien de comparable en nombre brut aux églises innombrables dans certaines villes chrétiennes ; il est vrai que les synagogues ne remplissent que rarement des fonctions de décoration urbaine ou de souvenir de la mansuétude passée d'un prince. Heureusement, le rabbin était un homme excellent : détendu, souriant, plein d'humour, il eut même le bon goût de parler un hébreu simple et donc compréhensible

180

pour moi. Cela me rassura fort. A l'issue de la liturgie, et après quelques péripéties puisque, comme prévu, le lieu de rendez-vous donné n'était pas suffisamment précis, nous rejoignîmes notre famille d'accueil et entrâmes dans un de ces petits immeubles qui forment les quartiers périphériques paisibles de Jérusalem. Je me mordis les lèvres en montant dans l'escalier pour m'empêcher de dire l'énorme bourde que je m'apprêtais à commettre : que l'immeuble ressemblait comme deux gouttes d'eau aux immeubles de Téhéran, et en particulier à cet immeuble à l'ouest de la place de la Révolution islamique où habite un ami, qui m'avait invité à passer le Noël iranien (*shab-e-yaldâ*) chez lui. Rapide présentation de la famille, moitié en hébreu, moitié en anglais, à l'image d'ailleurs de ces gens, certains originaires d'Amérique, d'autres nés en Israël. Le père de famille, assis à côté de moi, commence à parler de ses études à l'université Bar-Ilan ; j'en profite pour glisser que j'y étais allé pour un colloque il y a quelques années de cela, afin de créer un point commun entre nous et tenter de surmonter la grosse culpabilité qui me rongeait et qui allait éclater peu après. Sourire de sa part, regards amicaux, j'ai la sensation agréable que de bons échanges pourront commencer. Après quelques banalités, il évoque les écrits du Rav Kook qu'il est en train d'étudier. Vague inquiétude de ma part, n'ayant rien lu de cet auteur clé du sionisme religieux ; je ne dis rien, écoute, hoche la tête. La mère de famille crie soudain : *Netilat-yadayim*, comme pour nous dire d'arrêter de bavarder – me tirant sans le savoir de l'embarras. Par chance, prévoyant l'échéance, j'avais lu avant de venir sur Internet les prières du shabbat, et connaissais donc le rituel et la formule à dire lors du *netilat-yadayim*. Je fis donc semblant, et apparemment nul ne remarqua que c'était la première fois de ma vie que je me livrais à cette tradition. Ensuite débuta le repas ; cette fois, la mère parlait, beaucoup. Elle évoquait la nécessité d'avoir un Etat pour les juifs, où « nous » nous sentirions « entre nous » : habitué à tous les discours politiques ou presque, j'écoutais, finalement assez heureux qu'elle monopolise la parole. Quand soudain le sol se déroba sous mes pieds : elle dit qu'elle ne pourrait accepter de vivre à côté de non-juifs, et qu'elle ne pouvait se sentir bien qu'avec des juifs. Alors, je compris que désormais je n'avais plus le droit à l'erreur et que j'étais dans une posture potentiellement fâcheuse : n'ayant pas dit que je n'étais pas juif, et ayant laissé les autres croire, sans le faire exprès, que je l'étais, je pensais qu'à tout moment je pouvais m'expliquer en cas de besoin. Là, ce n'était plus possible. Je faillis me trahir lorsque, parlant d'un auteur, je fis semblant de chercher un crayon pour écrire son nom, chose interdite le shabbat, avant de me reprendre. Pire : au cours du repas, certains des participants entreprirent de m'expliquer en quoi être sioniste religieux « comme nous » était formidable, car on pouvait facilement trouver des postes de responsabilité dans les services de sécurité. Par chance, mon silence croissant fut interprété comme un signe de fatigue, et je fus libéré avec mon camarade de route, qui savait, lui, la vérité sur mon cas et ne dit rien. Sur le chemin du retour, nous avons bien ri. Après tout, il se peut que ces gens, au demeurant fort hospitaliers, aient passé un bon moment avec moi ; si par contre ils avaient su que je n'étais qu'un goy, cet échange n'aurait pu avoir lieu. Souvent, je me demande qui est le plus bizarre dans le monde. Et pourquoi l'être humain éprouve-t-il souvent un tel besoin de se définir par rapport à des catégories restrictives.

Symétriquement, un autre moment de ce sentiment de bizarrerie a été un jour où je me suis rendu, un peu par curiosité, pour observer le rituel, à la prière du vendredi à la Mosala de Téhéran. L'endroit est impressionnant : un monstre de béton toujours en construction vu de l'extérieur, une salle immense décorée avec goût vu de l'intérieur. Avant d'y parvenir, il faut nager à la manière des saumons parmi des flots de milliers de gens, foule au demeurant bon enfant. Le prêche de l'ayatollah Ahmad Khatami a été enflammé, très politique, la foule scandant à plusieurs reprises « mort à l'Amérique », poing serré et tendu, dans un roulement de tonnerre impressionnant. Quant à moi, je collais alors mon bras gauche contre un endroit précis de mon épais manteau d'hiver, inquiet à l'idée que l'on aperçoive le logo « West Latitude » qui y est cousu. Et n'osai pas trop vérifier le contenu de mes poches, où parfois j'oublie une pièce ou un billet de l'ennemi sioniste. Pourtant, de l'avis de tous, rares sont les peuples aussi accueillants envers les Américains que ces mêmes Iraniens. Une même personne peut crier « mort à l'Amérique » avant d'héberger gracieusement un Américain de passage. Intéressant comme l'être humain est fait, et comme ses différents mécanismes mentaux s'assemblent.

Traverser la frontière
et la mort des idéaux européens

Ce jour triste et gris de septembre 2000, le train métallique reprenait son long voyage quotidien de France en Allemagne. C'était encore avant l'âge industriel des trains à grande vitesse sur cette ligne, avant que le train n'ait l'orgueilleuse prétention de s'affranchir des paysages, à former une bulle hors des lieux et du temps. Rempli de voyageurs à son départ de Paris, il se vidait au fil des stations. A la dernière station française, j'étais seul dans la voiture. Songeant à l'histoire de la frontière, je regardais, anxieux comme toujours, le défilé des fortifications en ruine, depuis le train qui roulait au pas, comme si la zone était encore minée. Aussitôt après, à la première station allemande, il se remplissait de nouveau, avec d'autres personnes, n'ayant aucune connaissance de leurs prédécesseurs. Le train venait de changer de nature. C'est ce que l'on nomme une frontière. Même physiquement supprimée, dans les esprits elle est plus présente que jamais.

Et elle n'est pas la seule. Pour ne prendre qu'un autre exemple, beaucoup débattu dans la presse ces derniers temps : le trafic entre Italie et France, *via* la ligne historique de train à travers les Alpes, loin de s'envoler comme prévu, stagne ou diminue. L'un des grands paradoxes de l'Union européenne, et qui fait que, initialement plutôt enthousiaste, je sois devenu sceptique, tient en ce que la construction européenne a probablement érigé plus de murs qu'elle n'en a déconstruit. Peut-être que ce constat est exagéré. Soit. Mais il est indéniable que l'UE s'est largement éloignée de ses idéaux cosmopolites premiers : on n'en entend plus du tout l'expression, à vrai dire. Après la guerre, on pouvait considérer que l'unité européenne était une sorte de premier pas pratique sur le chemin du cosmopolitisme, une application locale de ces valeurs. On a eu à la place le renforcement de la distinction entre un dedans et un dehors. L'esprit de club sélectif et figé a pris un tel ascendant sur le reste que l'on n'ose même plus évoquer son élargissement.

De fait, la construction européenne a multiplié les murs et a eu des effets dramatiques dans son entourage immédiat. Des régions historiquement interconnectées ont été brutalement séparées l'une de l'autre parce qu'une partie a rejoint l'UE et l'autre pas. Le rideau de fer issu des âges sombres entre Moldavie et Roumanie, entre Ukraine et Pologne n'a été que renforcé par l'UE. Avec en prime une subtile discrimination, puisque pour les détenteurs des papiers issus du « bon » côté, passer de l'autre est une pure formalité, alors qu'il s'agit d'un processus humiliant et hautement complexe avec les « mauvais » papiers, augmentant le ressentiment et la détresse économique. Un habitant de Lviv/Lwow/Lemberg – le toponyme témoigne à lui seul de l'histoire cosmopolite de la ville, véritable carrefour européen –, pour entrer en Pologne, doit désormais solliciter un visa coûteux et difficile à obtenir, et se soumettre à mille humiliations et vexations à l'arrivée – et ce alors même qu'il y a quelques décennies il était citoyen polonais et pouvait circuler librement. Un camarade polonais m'a raconté comment, quand il allait en bus en Ukraine, il s'amusait avec les locaux, et aimait bien leur pays. C'est dans le bus, sur le chemin du retour, face à la frontière Schengen que la belle entente est rompue. Soudain, les mêmes gardes laissent passer sans broncher le jeune Polonais, et se jettent, comme des chiens selon son expression, sur les Ukrainiens. Leur montrent qu'ils sont des moins-que-rien.

Au fur et à mesure que l'on s'éloigne de l'UE, le décalage entre « bons » et « mauvais » ne fait que s'accroître. On est loin de l'image d'Epinal d'une Europe qui bâtirait un monde sans frontières et créerait la liberté de circulation : pour certains, peut-être, mais au détriment de celle des autres. Je garderai en mémoire les paroles de cet habitant de Samarkand, qui m'expliquait, avec beaucoup de détails, comment, dans sa jeunesse il était relativement facile de voyager dans une partie de l'Europe, notamment en Allemagne de l'Est, profitant des accords militaires alors en vigueur. Aujourd'hui, aller en Russie est hautement complexe et vous expose à une mort possible – les ressortissants des républiques d'Asie centrale sont victimes d'un nombre inexpliqué de morts quand ils viennent travailler en Russie. Et l'Allemagne de l'Est a rejoint le « bon » côté, n'osez pas même espérer y remettre les pieds. Certes, tout n'est pas la faute de l'UE ; néanmoins, elle a largement contribué à multiplier ces barricades, tout en les dissimulant sous une rhétorique d'ouverture des frontières. On en arrive à des paradoxes tels que le fait qu'une même personne, ayant jadis assuré la sécurité militaire et défendu telle ville allemande, soit à présent, à l'âge de sa vieillesse, tenue pour une menace pour la sécurité de la même ville allemande.

Sait-on que, jusqu'à il y a quelques années, les citoyens de nombre de pays africains, Sénégal et Côte-d'Ivoire en tête, pouvaient venir librement en France ? Qu'obtenir un visa de séjour-travail pour la plupart des pays, France et Etats-Unis compris, à durée illimitée s'il vous plaît, n'était qu'une question de paperasse ? Aujourd'hui, même si dans un accès d'ouverture qu'on n'ose plus attendre, la France voulait rétablir cet état de fait, elle ne le pourrait pas : l'UE veille. La frontière entre les deux, par exemple en Afrique près des enclaves espagnoles, avec des barbelés spécialement étudiés pour découper au mieux les chairs, n'a plus grand-chose à envier au tant honni rideau de fer entre Europe soviétique et Europe américaine.

Je n'ai jamais directement été confronté à ce rideau de fer, mais j'ai entendu au quotidien mille récits sur lui dès mon enfance, et en ai lu de multiples descriptions techniques, avec toutes sortes de considérations sur les trucs et astuces pour le franchir. De l'avis de tous, et nul ne peut en douter, le rideau de fer était l'une des grandes infamies du siècle révolu. Le seul nombre de victimes exécutées en tentant de le franchir en témoigne. A Berlin par exemple, on peut voir des mémoriaux émouvants dédiés aux morts du Mur. Toutefois, a-t-on le droit de dire que, ironie amère de l'histoire, les quelques, peu nombreux, morts du mur de Berlin ne sont qu'un infime détail de l'histoire par rapport à la masse des morts quotidiens ou presque des frontières Sud de l'Europe ? L'autre ironie étant que, jadis, c'était plutôt le régime soviétique qui tirait et tuait, désormais, c'est bel et bien l'Europe. Aujourd'hui, mes parents, même s'ils réussissaient à franchir un tel mur, seraient vraisemblablement… renvoyés dans leur pays d'origine. Quelle époque est la plus absurde ?

La frontière invisible :
celui qui la vit et celui qui ne la vit pas

Automne 2011. Jour de grande pluie à Dublin – les mauvaises langues diront qu'il s'agit là d'une redondance. Nouvellement arrivé en Irlande, j'assiste à un colloque sur le transhumanisme, cette croyance très en vogue outre-Atlantique sur la transformation de l'être humain grâce aux machines, jusqu'à l'immortalité, qui serait à notre portée. Dans la salle, d'éminents spécialistes. L'un d'eux a écrit, paraît-il, le premier e-mail au monde. L'autre, à la tribune, nous explique les profondes transformations technologiques de ces derniers siècles. Au voilier ont succédé le navire à vapeur, puis l'avion.

Désormais, le voyage transméditerranéen périlleux d'antan se réduit à un confortable court trajet en avion. Tout le monde était impressionné. Tout le monde croyait que, vu la tendance générale des choses, l'immortalité et les superpouvoirs étaient pour bientôt.

Au fond de moi une objection me rongeait ; je n'ai finalement pas osé l'exposer devant la salle. Le confortable trajet en avion au-dessus de la Méditerranée n'est, en fait, que pour une petite élite. Question de coût, certes, mais surtout question de papiers. Jadis, n'importe qui ou presque pouvait, même sans argent, trouver place sur un navire. De passeports, il n'y en avait guère, si ce n'est de documents purement honorifiques pour quelques dignitaires. Et même quand restrictions d'entrée il y avait, rarement les contourner était difficile.

Un matin d'hiver, dans le hall d'un hôtel de Bakou. En attendant un taxi (mais qu'est la ponctualité là-bas ? On pourrait en tenir rigueur au pays ou à sa culture, mais c'est précisément ce retard qui m'a permis de vivre une belle histoire, dont je vous dirai une partie), je discutais avec un participant au colloque qui venait de se terminer. En soi, c'était tout un personnage : de père musulman et de mère juive, il est donc, si l'on suit les règles habituelles, à la fois juif et musulman. Boutade mise à part, il est le premier à souligner que dans les pays musulmans on le considère comme tel, mais qu'il est juif en Israël. Mon honorable interlocuteur m'a conté, sur un ton amer, la peur qu'il avait éprouvée avant d'aller pour la première fois à Berlin : il croyait, les médias de son pays l'ayant confirmé et ses amis lui ayant rapporté différentes anecdotes sur le sujet, qu'il allait être lynché parce que juif. Rien de cela ne s'est passé, bien entendu. Les victimes des frontières ne sont pas toujours celles du côté que l'on croit.

Les frontières de l'Absurdistan

L'Absurdistan, ou pays de l'absurde, est défini par des frontières qui ne le sont pas moins. Son nom est proche d'un mot persan qui n'existe pas en tant que tel, *afsordestan*, que l'on pourrait comprendre comme « pays de la dépression ». Cela fait sens, tant à mon avis la névrose est le prix à payer pour qui se barricade de frontières absurdes dans l'illusoire espoir de se protéger.

Aéroport de Larnaca, un soir de printemps, à la nuit tombée, alors que l'air est déjà chaud. Larnaca, un nom mystérieux, que l'on jurerait bien plus loin que la simple Europe. Avec la vague inquiétude mais également la stimulation intérieure des premières fois, j'attends le petit bus qui doit m'emmener à Nicosie, ou plutôt Lefkosia, Leukosia, en grec moderne et ancien, une dénomination bien plus douce. Il émerge finalement des ténèbres. Une heure plus tard, le bus s'arrête, avec moi comme ultime passager, près des murs de la ville. J'emprunte rapidement une ruelle, puis une seconde (heureusement que j'avais bien révisé le chemin), et me voici dans un hôtel – à moitié vide grâce à la ruine du secteur bancaire de l'île, alors à son paroxysme. Tout se déroule comme prévu, fait rare lors de mes voyages. Ma première grosse surprise survint sur le balcon de ma chambre : l'horizon nord est barré par des collines, déjà plongées dans le noir, mais couvertes d'illuminations politiques. La République turque de Chypre du Nord affiche ses couleurs. Au long de mon séjour, j'ai, comme tant d'autres, essayé de découvrir la zone démilitarisée, en réalité la zone militarisée par excellence, qui coupe l'île en deux. Dans un terrible parfum d'absurdité, sentiment qui ne fait que s'accentuer au fil des visites et des lectures, en étant exposé aux propagandes des deux côtés et aux réalités historiques.

Au cours de mes pérégrinations, j'ai rencontré maintes autres frontières absurdes. Des plus barbelées jusqu'aux plus ouvertes, des frontières mentales aux frontières simplement matérielles. Vu d'Autistie (ou d'Autististan), on hésite quant à savoir laquelle est la plus absurde.

Un jour, je m'étais ainsi rendu sur le Golan et j'avais longé sur des kilomètres la frontière entre Syrie et Israël, sinistre lézarde dans un paysage de carte postale, entre montagnes et champs verdoyants. Étant resté un certain temps dans divers villages druzes, j'ai pu échanger avec les habitants, entendre les incroyables astuces déployées pour passer d'un camp à l'autre, tout en constatant le mélange de résignation et de cynisme dans l'attitude de ceux à qui la frontière est imposée, fruits du salutaire discrédit total qui frappe les idéologies à l'origine des barbelés en question.

D'après les dernières nouvelles, la situation depuis s'est encore aggravée. Désormais la « colline des cris » (*giv'at-tse'akot*), où les familles se retrouvaient, séparées par les grillages pour se donner des nouvelles et peut-être s'apercevoir enfin, est désertée : les tirs de snipers liés à la guerre en Syrie ont parachevé l'œuvre de décennies de folie humaine.

Une troisième frontière de l'absurde est celle, purement maritime et donc invisible, entre Taiwan et la Chine. Si elle est moins dramatique désormais que d'autres, avec par exemple des vols nombreux à travers le détroit et une circulation relativement facilitée des personnes, elle possède un raffinement intellectuel, une débauche de sophismes qui montrent la nature profondément ubuesque de la politique en tant que telle : loin de séparer deux pays en guerre, elle sépare juridiquement le même pays. En effet, si d'un côté figure la République de Chine et de l'autre la République populaire de Chine, que l'on se place d'un côté comme de l'autre, l'entité rivale n'existe juridiquement pas : ainsi, vu de Pékin (et de la plupart des pays du monde), il n'y a que la République populaire de Chine ; vu de Taiwan, n'existe que la République de Chine. L'ironie du sort est que, contrairement à ce que l'on pourrait penser, les deux entités tiennent fortement à ce que l'autre ne se déclare pas distincte de la première : c'est la doctrine de la « Chine unique ». Ainsi, la République populaire refuse à tout prix que la République de Chine devienne Taiwan ; la conséquence en est que la République populaire préfère donc que la République de Chine nie l'existence de la République populaire plutôt que de la reconnaître en tant qu'entité distincte. Les décennies de malheureuses tensions n'ont ajouté que des complications. Heureusement que le bon sens paraît l'emporter ces dernières années.

Le préfet et le Français de papiers

L'un des sujets privilégiés de la discipline devenue science politique est l'étude la constitution des identités. Peu importe ici le détail des théories, nombreuses et souvent contradictoires. Voyons les résultats : les frontières, pour absurdes qu'elles soient, induisent un sentiment collectif. L'idée que, après tout, des entités aussi nobles que la nation, l'Etat, et tant d'autres encore, ne découlent en vérité que d'une particularité (faut-il dire pathologie non autistique ? Ce serait exagéré) neuronale est profondément perturbante.

Novembre 2013. Participant à un événement à Mulhouse, j'écoute la présentation d'un fort sympathique et chaleureux ancien préfet. Au long de son discours, il dit sa fierté d'avoir été le « visage de l'Etat », et de l'avoir servi, notamment durant ses années de travail aux côtés de Christine Lagarde. Fort bien. A la suite de cela, au cours d'un moment informel d'échanges, je me suis permis une de mes facéties, que jusqu'alors je n'avais pas faite à un préfet. Je lui ai dit qu'à mon avis l'Etat n'existait pas. Absence de réaction de mon honorable interlocuteur, comme s'il avait mal entendu. J'ai donc répété que l'Etat n'existait pas, que je ne l'avais jamais rencontré. Instant d'hésitation. J'attendais, espérais une argumentation brillante qui me montrerait mon ignorance profonde des choses élémentaires. Il se contenta de murmurer : « Non... non. » Par la suite nous parlâmes d'autre chose, de l'Ethiopie notamment.

Etat ici, autres entités là-bas. Des clubs plus ou moins fermés en Angleterre par exemple, des partis politiques, jadis des milices ou des ligues, des communautés de toute espèce, et que sais-je encore. On semble en avoir bien besoin. On me regarde parfois bizarrement quand je dis que je ne suis membre d'aucune association, tout en étant militant associatif de longue date. Certes, j'ai quelques cartes, même beaucoup, à vrai dire : cartes de bibliothèque, cartes d'étudiant, carte bancaire, et même des documents d'identité. Ils portent l'intitulé « République française ». En somme, je suis français blanc de papiers, comme le dit, à un mot près, l'immigré breton Jean-Marie Le Pen. Par « de papiers », il ne faut pas entendre que j'aurais fait ou maintenu allégeance à une entité étrangère ; bien plutôt l'expression reflète une réalité brute, à savoir que ce sont des papiers imprimés qui disent que je suis français, tout en reflétant ma perplexité, qui me donne à réfléchir depuis des années : mais que veut dire au juste le fait d'être belge ou allemand, et comment peut-on se sentir comme tel ? Cela fait longtemps que je me pose la question. Il se pourrait que, fondamentalement, le sentiment national résulte d'une déformation ciblée de la vision du monde. Peut-être qu'elle est nécessaire à la vie humaine, je ne discuterai pas de ce point. Ce soir, dans la quiétude d'une chambre, je ne me sens rien du tout, sans doute un peu fatigué. J'ignore comment on peut se sentir autrement. Peut-être que je suis handicapé, aveugle à ces choses. Je ne suis toutefois probablement pas le seul : j'aurais tendance à pasticher l'argumentation de Diderot, qui lui valut la prison : si l'aveugle ne souffre pas de l'absence d'un sens, et si cela est tenu pour pathologique, pourquoi les gens en général ne souffrent-ils pas de ne point disposer d'ailes ?

Le pays des ringards : l'Autriche-Hongrie

« C'était un homme singulier. Il avait un accent épouvantable que je n'arrivais pas à identifier. Je m'intéresse beaucoup aux langues, donc j'écoute les accents et j'essaie de les imiter […]. Je voyais surgir du fond des temps la sagesse de l'Autriche-Hongrie disparue. C'était un personnage qui était comme on peut l'imaginer Freud autrefois, des gens d'une autre époque, d'un autre lieu, et d'un temps où le monde est puissant et en ordre. L'Autriche-Hongrie d'avant la guerre de 1914. C'est de là qu'il venait en vérité. » Par ces mots, librement transcrits, Tobie Nathan relatait sa rencontre avec Devereux, le fondateur de l'ethnopsychiatrie. Ils me laissent songeur, parce qu'ils évoquent la mémoire d'un singulier personnage, mais aussi parce que, une fois de plus, un être bizarre trouve en l'Autriche-Hongrie sa seule patrie.

Un soir d'automne 2012, à l'hôtel de ville de Paris, sous les dorures de la salle des fêtes – où au demeurant ce soir-là je suis allé pour la première et dernière fois de ma vie. Conférence sur l'autisme. Un monsieur d'un certain âge, invité par l'organisatrice, parla quelques minutes. Intrigué par son patronyme et ses manières, lors du moment de torture que représentait pour moi le pot, même abrégé par mes soins, à l'issue des discours, je vis en lui mon salut, et m'en suis approché. Evidemment grand polyglotte, il était de ceux qui ne savent plus trop en quelle langue ils sont le plus à l'aise. Quelques questions plus tard, j'appris, sans grande surprise à vrai dire, qu'il avait été collaborateur d'Otto de Habsbourg-Lorraine.

L'Autriche-Hongrie, pays disparu, serait-elle un refuge mental, d'aucuns diront psychiatrique, pour les inadaptés ? Je l'ignore. Elle incarnait un concept aujourd'hui discrédité : l'empire. Contrairement à l'Etat-nation, l'empire revendique la non-adéquation entre le niveau politique, celui du pouvoir, et celui de l'identité personnelle ou collective. L'empire rejoint donc paradoxalement les micro-Etats et autres objets politiques non identifiés en permettant aux gens ayant, au choix, des origines complexes ou des soucis psychiatriques, de conserver une partie de leur spécificité.

Pressé de toutes parts de désigner malgré tout un pays de rattachement, peut-être que je désignerais l'Autriche-Hongrie. Un peu comme on choisirait la Poldévie. L'Autriche-Hongrie a cependant l'avantage d'être dans le nom même un hybride, un zèbre avec de vagues connotations animales (autruche et hongre, deux animaux déficients). Un hybride qui plus est disparu, et dont l'identité n'a jamais été autre chose qu'un mélange plus ou moins raté de tout, et qui excellait à perdre à peu près toutes ses batailles – grande qualité à mes yeux. Finalement, cette désignation n'est pas plus absurde que la mention, très officielle quant à elle, dans le passeport des rapatriés d'Algérie, d'un lieu de naissance de type : « Alger, Al-Djazaïr », alors même que l'Algérie n'a été créée que des années après leur naissance. De même, mon père, né en 1941, est considéré comme étant né en Tchécoslovaquie, pays qui alors n'existait nullement sur les cartes.

Citoyen français de nationalité arménienne ?

Dans une voiture qui roule au-delà de la vitesse maximale autorisée sur une route transcaucasienne plus tortueuse que jamais entre les hauts sommets, ma voisine est d'humeur philosophe. Ou presque. A quelques centaines de mètres à peine, non délimitée mais signifiée par quelques rares maisons en ruine, la terrible frontière entre Arménie et Azerbaïdjan, où on tire à vue sur de bien hypothétiques passants, donne une tonalité curieuse à notre échange.

Quelqu'un ayant prononcé le mot « passeport », l'autre passagère, jeune personne indubitablement fort intelligente et en grande partie occidentalisée – ayant fait ses études aux Pays-Bas avant de quitter ce pays car, ce sont à peu près ses mots, les homosexuels y ont une place trop importante (*sic*) –, commence à évoquer l'Union soviétique avec nostalgie. Voilà d'ailleurs un point assez remarquable, que l'Europe occidentale sous-estime souvent : dans plusieurs régions de l'ex-URSS, la population semble majoritairement regretter les temps

195

soviétiques – et pas seulement les retraités qui avaient été hauts cadres du Parti. Ma voisine a toutefois autre chose que la gratuité du logement et la garantie de l'emploi en tête : les anciens passeports soviétiques. En effet, à l'époque, on était par exemple citoyen soviétique, tout en étant de nationalité arménienne, ou que sais-je. Mon honorable interlocutrice trouve donc choquant que, lorsqu'on acquiert le passeport néerlandais, on ne puisse pas y voir figurer « nationalité : arménienne ». C'est d'ailleurs pour cela, paraît-il, qu'elle s'est refusée à le demander. J'ai eu un sourire en imaginant une carte d'identité portant par exemple la mention « République française – nationalité helvète ».

La question n'est pas que puremen théorique. A l'heure où j'écris ces mots, la France médiatique est agitée par l'affaire Leonarda, dont la famille a ou aurait menti sur sa nationalité. Mais de fait, nul n'est en mesure de dire quelle est la nationalité, au sens français, de Leonarda. Vers quel pays l'expulser ? Une Italie où elle serait née, mais dont elle n'aurait pas la nationalité ? Vers un Kosovo dont elle aurait la nationalité, au sens russe du terme, mais dont elle ne connaît rien, ne parle pas la langue, et qui n'existait pas quand elle est née ? En tout cas, personne n'a relevé un point troublant : à eux tous, les membres de cette famille tant méprisée et de si basse extraction comme on disait jadis, parlent plus de langues que les plus orgueilleux des professeurs de linguistique en France.

Passion des passeports

Ce soir, c'est fête. Mon passeport, après des années d'attente et d'occasions manquées, porte enfin deux tampons « exotiques » supplémentaires : entre un tampon taiwanais et l'assez beau visa russe, voici deux tampons de la Sainte-Lucie.

Ils n'ont en soi rien d'extraordinaire : ni jolis ni difficiles à obtenir. La joie provient d'ailleurs. En effet, parmi mes passions secrètes, qui n'ont, hélas ou heureusement, pas pu se développer de manière systématique, figure mon intérêt pour les passeports. Quand j'ai un moment, ou même quand je n'en ai pas, puisque le reste de mes obligations passe au second plan, je me surprends à consulter les réglementations en matière de visas. Je cherche sur Internet les images des passeports, compare les couleurs. Il me semble parfois vital de savoir combien de passeports l'Ordre de Malte peut émettre et à qui – contrairement à d'autres pays qui émettent des passeports en nombre illimité, l'Ordre souverain militaire de Malte n'en émet que trois en tout et pour tout. Je me sens frustré de ne pas avoir trouvé d'image des passeports diplomatiques du Vatican.

Les visas font, logiquement, partie de ce centre d'intérêt. Savoir qui peut aller où, parfois avec de plus ou moins douloureux regrets quand je songe que, par exemple, un citoyen turc peut aller en Iran sans visa. Il y a quelques semaines, face à une jeune Iranienne qui paraissait vouloir par-dessus tout acquérir un passeport dit occidental, j'ai avancé que détenir un passeport turc me faciliterait bien des voyages au Moyen-Orient. Elle m'a fait répéter, croyant avoir mal compris : comment diantre quelqu'un pourrait-il vouloir un tel passeport ? Pour elle, seul un passeport américain ou européen avait de la valeur. C'est d'ailleurs, je crois, suite à cet épisode qu'elle cessa de converser avec moi.

Mon petit centre d'intérêt pour les passeports me valut malgré tout quelques titres de gloire. Il y a un mois, assis sur un banc du petit aéroport de Putuoshan (et qui, comme son nom ne l'indique pas, est en fait situé sur l'île de Zhujiajian, et non sur l'île dont il porte le nom) et attendant un avion en retard comme il arrive souvent sur les vols intérieurs en Chine, je discutais avec un jeune Américain. Mon sympathique voisin était marié à une Sud-Coréenne, ce qui ne manquait pas de lui poser des problèmes épineux, puisque le pays en question ne permet pas les cumuls automatiques de nationalité. Je pense l'avoir étonné en lui expliquant diverses choses sur le passeport sud-coréen, que visiblement il ignorait, alors qu'il était autrement plus concerné que moi. Une autre fois, sous le ciel étoilé de Géorgie, lors d'une conversation au sujet des passeports avec un autre Américain, je dus lui expliquer ce qu'était la « Conch Republic », à savoir la république indépendante que créa la ville de Key West en faisant sécession avec les Etats-Unis pour quelques instants, en 1982. Il croyait aussi qu'en Europe on ajoutait des pages dans les passeports lorsqu'il n'y avait plus de place pour de nouveaux visas. J'ignore quelle impression il retira de notre échange en forme de monologue, pour moi passionnant. Sans doute que ce soir-là, ma réputation de cinglé se trouva consolidée.

Au printemps dernier, chaque mercredi, je participais à un repas organisé dans un sous-sol de la rue Plantelor à Bucarest, avec une vingtaine de jeunes chercheurs étrangers. Ne sachant comment faire tomber les murs culturels et espérant pouvoir énoncer par ce biais quelque plaisanterie, j'ai à plusieurs reprises évoqué les passeports. Après cela, mon arrivée à la table des repas était systématiquement soulignée par des allusions aux passeports. Une jeune fille ukrainienne sortait le sien. Sentant que j'étais allé trop loin, j'ai alors essayé de parler des cimetières animaux. Erreur : ce sujet de conversation ne fit qu'ajouter à ma réputation d'étrangeté. Il y a quelques années j'aurais peut-être fait l'impossible pour briser cette réputation, pour passer pour quelqu'un de normal. Aujourd'hui, je suis à la fois résigné et – oserai-je le dire ? – peut-être un peu fier d'être un bouffon.

En quelque sorte, je peux me le permettre, et j'en suis bien conscient. Je suis un peu dans le cas de figure du riche touriste qui, par caprice, choisit de séjourner dans l'un de ces hôtels-bidonvilles, établissement de luxe faussement aménagés en bidonville. Car je suis du côté des favorisés. Mon passeport français compte parmi ceux qui ouvrent le plus de portes. Mon visage semble ne pas inquiéter les douaniers – ainsi, à ce jour, je ne crois pas avoir été arrêté par la douane française, alors que j'ai franchi la frontière française des centaines de fois au bas mot. Dans d'autres circonstances, on ne tolérerait pas mes pitreries, et de toute manière je n'oserais pas m'y livrer.

Petite histoire des catégories

Dans une salle de classe, la prof de tigrigna, qui est pour moi, qui ignore tout du tigrigna, honte à moi, prof d'amharique et amie, raconte en ouverture de cours une histoire bien curieuse. Jadis, quand elle était étudiante dans des universités italiennes – car elle est radicalement polyglotte, rejetée, on l'imagine facilement, par la plupart des étudiants européens –, elle avait une amie vietnamienne. Celle-ci avait une phobie des Chinois – nul n'est parfait, et à titre général on ne saurait attendre des membres des minorités d'être par ce simple fait des modèles de vertu. Elle se plaignait souvent à celle qui devint par la suite mon amie, de la présence massive de Chinois dans l'université. Etonnement de cette dernière, car il n'y en avait à l'époque aucun. Jusqu'à ce qu'un jour elle comprenne la réalité : l'amie vietnamienne voyait en réalité des Noirs, qu'elle prenait pour des Chinois. Pour elle, les Noirs avaient une peau en tout point similaire à celle des Chinois, d'où la confusion.

Avant de rire, savez-vous que vous êtes un Anglais (ou une Anglaise) pour nombre de Pakistanais ou d'Afghans ? Vous venez d'Europe, vous n'êtes pas américain, donc vous êtes anglais. Point. Et n'essayez pas d'expliquer que vous ne parlez pas anglais à la maison, ou je ne sais quoi. Il serait pour autant bien hâtif de conclure à l'ignorance profonde de ces gens. En France métropolitaine, pour ne donner qu'un exemple, rares sont ceux qui connaissent la distinction entre la Dominique et la République dominicaine. Les deux pays sont pourtant bien plus éloignés géographiquement que l'Angleterre de la France, et leurs langues officielles plus distinctes que l'espagnol et le français.

La règle psychologique générale, qui se vérifie quand on demande aux gens de dessiner le monde, est que les pays connus sont représentés en plus grand, avec plus de détails, tandis que les pays inconnus ou mal connus deviennent petits, se fondent dans la masse. Face au nombre de groupes religieux au Liban, vu d'Europe, on tend à simplifier les choses : on dit qu'il y a les chrétiens et les musulmans. Dans la perception du monde musulman, un diptyque a connu un prodigieux succès : la différence entre musulmans modérés et radicaux. Peu importe que nul ne sache, à vrai dire, quel sens et quelle constance donner à ces termes. Ainsi, ces derniers jours, en évoquant l'impact potentiel de l'accord temporaire sur le nucléaire iranien, on a dit dans les médias du monde qu'Israël pourrait s'allier avec des « pays musulmans modérés » comme l'Arabie Saoudite. Une Iranienne m'a un jour présenté les religions principales de son pays comme suit : les musulmans, les messianiques (*masihi*, désignation des chrétiens), les Arméniens, les juifs et les zoroastriens. En Europe, on diviserait les chrétiens plutôt en catholiques et protestants, nullement en Arméniens et les autres, au point d'en faire deux religions distinctes. Cette personne avait-elle alors tort dans ses classifications ? La leçon est pourtant simple : prétendre comprendre l'autre par ces quelques catégories est illusoire.

Comment se bâtissent les identités

Soir de match. Des hurlements de bêtes fauves retentissent à des intervalles irréguliers. Faites un test : suivez, si vous en avez le courage, en parallèle le même match, mais avec une chaîne de télé ou de radio de chacun des deux pays impliqués. Le télescopage est riche d'enseignements, même pour un ignorant complet du monde du sport. Comment un même mouvement de ballon, dénué de sens en soi, peut-il déclencher des réactions aussi contraires ? Les présentateurs mentent-ils ? Jouent-ils un jeu ? Pourquoi ?

Ce sont, en vérité, pourtant d'aussi futiles choses et d'aussi arbitraires mécanismes qui bâtissent les identités. Il y a des histoires anciennes, le plus souvent totalement fausses, et qui par ailleurs se démarquent par leur cruauté, voire par leur aspect bassement criminel. Plus d'un hymne national ou chant patriotique est ainsi un appel ouvert au meurtre et à la haine, avec des paroles

d'une puérilité confondante. D'autres récits constitutifs
des identités sont des mensonges orientés, tenus pour
vrais simplement parce que répétés de génération en
génération : les comparer entre eux est édifiant : ainsi, et
pour ne prendre que des exemples issus du domaine sup-
posément objectif des sciences, qui a inventé l'automo-
bile ? La radio ? L'avion ? Selon l'origine géographique
du manuel que vous consulterez, de fortes divergences
apparaîtront – le plus étonnant étant peut-être non pas
tant les différences, mais l'ignorance de la plupart des
gens de la simple possibilité d'une histoire concurrente.

Il est également des référents modernes, beaucoup plus rationnels en apparence, mais tout autant
construits. Notamment, la séparation des Eglises et de
l'Etat est immanquablement associée à la loi de 1905 en
France ; elle est un pilier de la laïcité à la française, ce
modèle unique. En Amérique, on l'associe à une lettre
de Thomas Jefferson de 1802, et on en fait naturellement un fondement de l'Amérique moderne. Dans tous
les cas, on peine à accepter l'idée que la problématique
est bien plus générale et que, même dans un pays tel
que l'Arabie Saoudite, l'autorité étatique et l'autorité religieuse ne sont pas mélangées. Il est impératif de croire
que le groupe auquel on pense appartenir aurait une
spécificité absolument unique.

Le sentiment national s'accompagne bien entendu
d'un certain nombre de croyances qui, n'étant pas directement liées au socle historique national, n'en sont pas
moins des quasi-dogmes. Pour sûr, on peut à juste titre
se moquer des dictatures, dont les étudiants doivent lire et
citer les œuvres du despote. Un cas qui m'a donné à réfléchir fut lorsque j'ai consulté, chose que je ne fais quasiment
jamais, un mémoire de recherche remis par un étudiant
d'une université tchèque : il y était question de sociologie,

et parmi les auteurs de référence était cité Masaryk, qualifié par ailleurs de « grand génie ». Tomáš Masaryk, premier président de la Tchécoslovaquie, était un universitaire. Il a publié des travaux scientifiques tout à fait sérieux. Mais qui oserait le citer aux côtés de Durkheim ou Weber hors de la République tchèque ? Et l'y cite-t-on pour ses travaux ou pour son rôle politique ?

La France d'aujourd'hui possède elle aussi ses dogmes. Des points contre lesquels vous pouvez aligner autant de contre-arguments que vous le souhaitez, et qui pourtant dans leur absurdité même continueront à être répétés et crus sans réserve. Ainsi, on pense que la France dispose de la meilleure Sécurité sociale au monde : peu importe qu'on puisse aisément montrer que les remboursements de la Sécu française sont parmi les plus pingres du monde occidental. Ce qui est remarquable, c'est que, même ceux qui souffriront dans leur chair mille maux du fait du désastre français qu'est la non-prise en compte des soins dentaires, continueront à ajouter foi à l'affirmation première. Sans oublier que le sentiment de fierté nationale qui peut en découler est assorti d'une menace terrible : la peur de l'invasion étrangère d'immigrés calculateurs, inévitable corollaire de la croyance en le meilleur système social au monde ; voyager un peu, ne serait-ce que dans des pays voisins tels que le Luxembourg et la Belgique, permettrait de rompre l'incantation et donc réduire les névroses qui en constituent le prix à payer. Ces dernières semaines, les médias anglais se sont surpassés dans la crainte de l'invasion bulgaro-roumaine. Gouvernement et opposition ont rivalisé, dans un même temps, les deux allant de pair, dans l'éloge du système de santé britannique, le ministre utilisant des formules telles qu'« un système que le monde nous envie ». Sans commentaires.

Ou encore, tous croient que la France applique le droit du sol, au point d'en passer pour un champion. Pourtant, les lois sont très claires : être né sur le sol français ne confère en rien la nationalité ; au contraire, les enfants de Français nés ailleurs sont automatiquement français ; ce qui est la définition même du droit du sang. Chaque année, de nombreuses personnes nées en France sont expulsées car en situation irrégulière, chose qui est impossible dans un pays appliquant le droit du sol. Et votre serviteur, pourtant né en France et avant même les lois Pasqua durcissant encore la procédure, n'est devenu français que par naturalisation des parents, plus de dix ans après sa naissance et non par la seule vertu de celle-ci. En toute logique, on ne peut que conclure que la France applique le droit du sang, système que, au demeurant, à quelques années d'exception près, elle fit toujours sien. France et Allemagne se rejoignent donc bien plus qu'on ne le dit.

Une autre croyance constitutive d'identité tient en la supériorité du TGV, et ce bien qu'elle ait été entamée ces derniers temps, le principe de réalité budgétaire prenant finalement le dessus sur l'incantation patriotique. Il est ainsi remarquable que, dans les classements internationaux de records de vitesse sur rails et de langue autre que française, le TGV ne soit pas même mentionné. En effet, le record du monde du TGV n'est valable qu'au prix d'une mystification statistique. Il existe globalement deux catégories de mesure de records : les trains de ligne et les trains expérimentaux. La rame TGV du record doit être classée parmi les premiers, à savoir les trains de ligne, pour avoir quelques chances de l'emporter – car dans la catégorie des trains expérimentaux, les records sont bien au-delà de la vitesse du son. Or, cette même rame n'avait rien d'une rame de ligne en circulation ordinaire : elle a été lourdement modifiée pour le record, avec des roues spéciales surdimensionnées, un courant différent de celui d'ordinaire utilisé, une composition du train raccourcie, etc. Personne parmi les voyageurs ordinaires ne peut rouler dans la rame du record dans sa configuration au moment du record, ce qui la fait *de facto* entrer parmi les trains expérimentaux. Peu importe : habilement formulée, reprise docilement par les médias et les autorités, la croyance au record de vitesse du TGV devient dogme.

La liste des déformations requises pour la constitution d'une identité nationale serait longue. Chaque pays en a une. Pour le sourire : ce 10 novembre 2013, CNN a présenté les dix choses que l'Amérique fait mieux que les autres. Dans la liste, la qualité de la nourriture figurait en deuxième position. Je crois que cela ne peut qu'éveiller des rires vu de France. L'une de mes préférées est la croyance, présente dans la plupart des lieux, sauf peut-être les pays musulmans conservateurs, que les plus belles femmes y vivent. D'ordinaire, les quelques personnes qui ne partagent pas cet avis et qui disent que les plus belles femmes sont dans un autre lieu, sont précisément issues ou attachées pour diverses raisons à cet autre lieu. Ou encore, affirmation associée à la précédente, souvent on part de l'idée que les femmes souffrent beaucoup plus dans les autres pays ou villes, et sont plus en sûreté ici ; faut-il y voir la version moderne d'une très ancienne idée, selon laquelle les femmes du voisin seraient bien plus à leur place chez moi ? Je l'ignore. Ou encore, on pense que le pays dont on est ressortissant serait plus diversifié que tout le reste, aurait par un miracle divin un résumé de tous les paysages existants : j'ai souvenance à cet égard d'articles du *Figaro* particulièrement évocateurs, à croiser avec des articles d'autres organes de presse issus d'autres pays. Ou que le pays est le plus sûr au monde. Que de fois n'ai-je pas entendu ces choses, toujours dites avec un aplomb assez remarquable, sur le mode de l'évidence ? Ainsi en va-t-il des identités.

Dans un univers aussi déformé par les croyances, comment être à l'aise ? Le marcheur dont les lunettes sont irrémédiablement déformatrices, comment pourra-t-il éviter de trébucher ? Le voyage est en vérité une thérapie. Par malheur, il est frappé d'une malédiction. Les quelques remarques qui précèdent montrent peut-être une chose : le plus dangereux, le plus rejeté car le moins dans le moule de l'identité, est bel et bien le nomade. Les Tsiganes sont le peuple le plus noble de la terre, concluait fort logiquement Cioran, lui-même grand errant à travers les mondes. Le nôtre a sans doute besoin de plus de ces vagabonds.

Voyages virtuels, voyages surréels

« Voyager le doigt sur la carte » : ainsi s'était un jour exprimée une personne de l'ex-bloc de l'Est que la folie politique des hommes avait empêchée de voyager géographiquement. Bien entendu, on peut n'y voir que le cri du cœur, cri de souffrance lié à une privation. L'expression au mieux, non d'un voyage, mais d'un rêve ou d'un fantasme. Ce serait toutefois négliger le pouvoir secret des cartes.

Etrangement, la carte géographique n'a pas bonne presse. Alors que tant d'objets du quotidien ont été chantés par les poètes, tant d'autres ont servi de support à divers points de repère culturels, la carte s'est perdue. Entre le rationalisme angoissant des cartes d'identité et l'irrationalisme exubérant assigné aux cartes de la voyance, il ne restait plus guère de place libre à celles de la terre. Que sont loin les siècles où les mappemondes étaient le pôle magnétique de la soif de connaître, comme en livre un dernier aperçu des musées spécialisés, à Bologne ou Florence entre autres. Ou les temps des cartes du Tendre sous leurs différentes formes, lorsque la carte était le support des causeries de salon, des plus frivoles aux plus sérieuses. Il n'y a plus guère je crois qu'en roumain où *carta*, « livre », désigne encore un support de pensée. Car même l'étroit territoire demeurant assigné aux cartes géographiques a perdu son charme, mathématisé, utilitarisé, relégué parmi les pires souvenirs d'école dont on cherche au mieux à se débarrasser pour croire être soi : après tout, la géographie comme les mathématiques ne sont-elles pas parmi les rares domaines que l'on se flatte communément d'ignorer ?

La carte et l'éros

Il y a deux heures à peine, entre le temps de la prière du *maghrib* et celle de l'*isha* (nul besoin d'être musulman pour se repérer ainsi dans le temps), un collaborateur de l'université téhéranaise où je suis est venu frapper à ma porte. Après les salutations d'usage (alors même que nous nous étions vus moins d'une heure auparavant), il m'a fait observer que « quelque chose » était par terre dans ma chambre, afin que je ne l'abîme pas. Misère, c'était une carte. Ou plutôt plusieurs, une grande, de Téhéran, une plus petite de Mascate, d'autres encore, repliées. Une fois de plus, je m'étais laissé aller à mon vice. Ce n'était assurément pas la première.

Ainsi, durant les années, bien courtes mais d'un excellent souvenir, où j'ai pu faire du sanskrit à l'université Paris-3, je crois que rien ne m'a plus distrait que cette grande carte sur le mur. Je devais bien être le seul à la regarder. Peut-être que nombre de mes (fort rares voire totalement inexistants dans la plupart des cas, vu la discipline) anciens camarades de classe ne l'avaient même pas remarquée. Peut-être que c'est à cause d'elle, l'explication avec le recul s'en dessine, qu'Emeline, un temps sanskritisante elle aussi avant de se tourner vers de bien plus utiles activités sous d'autres cieux, remuait autant, bondissant parfois littéralement sur sa chaise : assise aux quelques cours auxquels elle assistait directement sous la carte, tandis que j'étais naturellement à l'autre bout de la petite salle pour voir au mieux celle-ci, elle devait penser que je passais mon temps à la regarder elle. A moins que, comme tant d'autres gens non autistes, elle déteste que l'on regarde au-dessus d'eux, quelque chose comme vingt centimètres au-dessus de leur tête ? Plus d'une fois on m'a énergiquement grondé à cause de cela, y compris une fois, officiellement, à l'aéroport Tegel de Berlin.

Une ancienne carte, comme on en voyait jadis dans les salles de classe, sur support plastique pliant, aux couleurs passées – à moins qu'il ne s'agisse là de ses teintes d'origine. Par rapport aux autres cartes qui m'ont toujours fasciné, celle-là avait quelque chose en plus, quelque chose qui la rendait unique : elle rassemblait les trois zones géographiques détenant alors le monopole de mon cœur : l'Inde bien sûr, mais aussi tout le Moyen-Orient, et, cerise sur le gâteau déjà fort bien garni, l'Ethiopie. On pouvait suivre des yeux le relief, rêver en entendant dans sa tête les noms des localités. Surtout, pour un voyageur par intermittence comme moi, cette carte donnait une cohérence visuelle et spatiale : non, l'Ethiopie et l'Inde ne sont pas des entités situées sur des planètes distinctes, alors même que dans mes voyages elles l'étaient toujours, n'étant jamais allé directement de l'une à l'autre. Je n'ai plus revu la carte depuis au moins deux ans. Je la regretterai longtemps.

Enfant, je passais des heures à feuilleter des atlas, en quête des noms les plus exotiques, des lieux géographiquement les plus remarquables. Eux, dans mon esprit, ont déjà rejoint pour de bon le royaume des ombres. L'Asie centrale, à cet égard comme à d'autres, a joué un rôle privilégié. Au fur et à mesure que l'on s'éloigne vers l'Est en suivant une ligne à peu près à la latitude du Caucase, peu à peu, la carte se vide. Les noms de villes s'estompent, deviennent plus étranges, jusqu'à disparaître dans un grand vide. Des noms de montagnes, puis de déserts prennent leur place. Jusqu'à disparaître à leur tour. C'est le bout du monde, le bout de la carte. Longtemps je n'ai pas osé regarder plus loin. Soudain, tout bascule, aux toponymes issus des langues turques succèdent les bornes infranchissables marquées de sinogrammes. On est déjà passé sur l'autre rive.

Et quand les yeux s'aventurent vers le Sud, sur les pas d'un Xuanzang et des mille dangers qu'il surmonta dans son périple surhumain en quête du savoir, après les rides de la terre viennent les noms longs de l'univers sanskritophone. On entendrait presque débuter les hymnes védiques sous quelque banian.

Voyage conté

Car, en effet, quel autre voyage que le voyage conté bâtit le cœur humain ? Avant même l'apparition de la carte, au sens premier grec *khartês*, feuille de papyrus ou de papier, la carte du monde se dressait dans les récits. Le conte de Sinouhé et le roman de Gilgamesh, parmi les plus anciens longs récits humains, ne sont-ils pas avant tout des voyages contés ? Jusque dans la littérature française moderne, peut-être que le titre le plus fréquemment usité par de grands auteurs est *Voyage en Orient*, que se partagèrent Dumas, Lamartine, Nerval, et tant d'autres. Chaque culture repose sur des références culturelles initialement portées par un récit de voyage du « temps des héros », pour reprendre la terminologie d'un Vico : *Iliade* et *Odyssée* pour la Grèce, les deux grands poèmes épiques dans l'Inde du Nord (indo-européenne), d'innombrables récits, oraux ou écrits à travers les peuples, récits du voyage qui eux-mêmes voyagent, faisant dans un même mouvement distraction, instruction et cohésion politico-sociale.

Ceux qui s'aventurent loin vers l'Est depuis Téhéran, jusqu'à Mashhad, la ville sainte du Khorasan, pourront prendre un bus qui roule dans la steppe jusqu'à la petite ville de Tous. « Et toi, Bethléem Ephrata, petite pour être entre les milliers de Judée... » : comme le disait Michée, parfois en vérité ce sont les bourgades qui portent l'histoire plus que les grandes villes. A cet égard, peu égalent Tous, perdue dans les steppes déjà turkmènes, qui compte parmi ses quelques maisons deux tombes de poètes qui de leur seul art façonnèrent les siècles. A côté du monument funéraire de Ferdowsî est un petit musée. Plusieurs des multiples manuscrits illuminés montrent des scènes d'antan, où tel ou tel saltimbanque (est-ce le bon terme en une si lointaine contrée ?) récitait les scènes du *Livre des Rois*. Jusqu'à nos jours en certains lieux, dans les maisons de thé, *tchây-khâne* en persan ou *çay-evi* en azéri, ce sont le soir venu les seuls vers des héros d'antan qui transportent les esprits. Mon premier contact avec ces soirées fut une mémorable nuit d'été à Shahrud, littéralement « la rivière du roi » – étrangement le même titre que le grand traité, en sanskrit celui-là, de l'histoire du Cachemire, la *Râjataranginî* de Kalhana.

Bien pauvre et triste est l'Occident, qui pour déplacer les âmes lors des soirées, loin de les élever, ne sait que les faire choir par l'alcool et la drogue. Je repense à cet ami pourtant artiste qui, voulant vivre plus intensément les deux seuls jours hebdomadaires que la société parisienne lui accordait, se rendait alors en Belgique pour qu'on lui administre quelque poison. « C'est mon véhicule pour l'illumination, je ne sais pas faire autrement », m'avait-il dit. A l'heure des véhicules qui avalent les kilomètres, rarement l'être humain a été plus névrotiquement sédentaire, moins apte au voyage conté.

Présences fantômes de l'autre, ou le voyage dans soi

« Pour connaître les autres, il faut d'abord se connaître soi-même. » Sage dicton, à n'en pas douter. Il en existe une version linguistique : quand on connaît bien sa langue maternelle (ou ses langues maternelles), on apprend plus facilement les autres, et pas seulement celles qui ressemblent directement à celles que l'on connaît. May, mon ancienne prof de mandarin – jamais je n'oublierai ses cours que j'ai hélas dû interrompre avant terme –, nous l'avait redit et montré, y compris dans le cas de langues en apparence fort distinctes comme le français et le chinois.

Malheureusement, comme pour tout dicton, les mauvais usages en sont à peu près aussi nombreux que les bons. Il peut ainsi être utilisé pour différer à jamais la découverte de l'autre, puisqu'on n'a jamais fini de se découvrir soi, ou encore amener à cette conclusion un peu hâtive selon laquelle l'autre serait d'une certaine manière contenu dans le soi : ainsi, parfois on entend dire qu'il est bien inutile d'aller dans l'Himalaya, car la France possède elle aussi de hautes montagnes. Ou que, pour trouver le soleil, Menton vaut bien tel ou tel pays étranger. Naturellement, divers systèmes politiques, et pas que les dictatures, exploitent autant que faire se peut le filon, souvent avec des finalités plutôt mesquines, comme assurer un fort taux de remplissage des lits dans je ne sais quelle station balnéaire.

Et pourtant, je suis convaincu que l'on peut, dans une large mesure, découvrir l'autre en creusant les strates du sol sur lequel on se trouve. Il n'y a là nul miracle métaphysique, nulle exceptionnalité d'une culture particulière qui engloberait les autres – au contraire : c'est là l'effet direct du profond métissage dont nous sommes issus. Au fond, jamais nos pays occidentaux n'ont été aussi tristement homogènes qu'aujourd'hui. Que ceux qui attrapent des boutons en songeant à la dilution d'une identité nationale précairement acquise se rassurent : même une option politique comme le nationalisme réactionnaire intégral, bien compris et conçu, devrait tendre, non point vers une fantasmatique unité nationale homogène derrière des frontières étanches qui n'a jamais existé, mais à la situation effective antérieure, à savoir des frontières étatiques inexistantes *de facto* ainsi qu'une forte hétérogénéité culturelle et linguistique de village en village.

Peu importe la politique. La présence fantôme de l'autre peut se vivre en soi, dans un étonnant voyage virtuel. Les cathédrales et églises, aujourd'hui symboles de la chrétienté occidentale bâtisseuse du Moyen Age, suivent autant les plans des mosquées de leur temps qu'elles n'imitent, à quelques siècles d'écart, les édifices caucasiens plus anciens, géorgiens mais surtout arméniens. L'étoile de David, et je collectionne une documentation sur le sujet, n'est devenue un symbole juif que sur le tard. La liste serait fort longue.

C'est sur le plan linguistique que les faits sont les plus frappants. Les linguistes se sont souvent intéressés aux supposées erreurs d'un texte, à ses barbarismes et autres bévues qui donnent la vue, pour parodier un Althusser. Il me souvient que l'une de mes premières confrontations avec l'idée d'une présence fantôme d'autres langues dans les expressions m'a été donnée au travers d'un livre de Roman Jakobson, à lui seul déjà par sa biographie toute une histoire condensée d'Europe voire du monde. La semaine dernière, mes yeux se sont arrêtés sur un article : il y est question d'une phrase que je connais depuis l'enfance, et je crois que beaucoup de gens de culture tchèque la connaissent. Je la translittérerais ainsi : *a bogay nebogay tshary nebogay*. Ne me demandez pas, ami lecteur, de traduire : justement, personne ne sait ce que la phrase veut dire, ni en quelle langue elle est. Tout le monde la connaît dans son signifiant, mais son signifié s'est perdu. L'article en question la fait remonter à un chant populaire magyar, dont on aurait déformé la prononciation, accentué certains traits rythmiques dont Jakobson montrait l'importance dans ces traces fantômes de l'autre. Cela paraît tiré par les cheveux ? Pourquoi alors répète-t-on, avec la même jubilation qu'aux âges bibliques, un aramaïsme comme « abracadabra », qu'il soit fait comme il est dit ? Nulle sensation n'est plus déstabilisante et plus délicieuse que quand on nous révèle le sens de ce que l'on croyait savoir. Le phénomène a été abondamment utilisé et détourné par toutes sortes de sociétés initiatiques. Je n'en garderai qu'une image : l'étrange sourire d'un maître en la matière, conscient de son effet en ces moments-là de *satori*, à savoir Heinz Wismann. Pour la petite histoire, lors d'une entrevue privée où il m'avait posé d'emblée une question rhétorique : « A quoi sert notre exis-tence ici-bas sinon à apprendre des choses ? », j'avais été tenté, mais me suis peut-être à tort censuré, de le prendre à son petit jeu en lui répliquant : « Surtout quand on porte votre patronyme » (en allemand, *wissen* veut dire savoir).

Informatique :
réalités virtuelles de la modernité

Aujourd'hui, c'est à l'informatique qu'a échu le monopole du « virtuel », au point de rendre les deux termes synonymes. Le voyage virtuel pourrait bien en être la prochaine conquête. N'avez-vous pas, ami lec-teur, été surpris de n'entendre parler que maintenant de l'ordinateur dans un chapitre sur le voyage virtuel ?

J'ai été d'une génération, peut-être la dernière dans les terres hespérales, dont l'enfance s'est déroulée sans ordinateur en tant que véhicule vers le virtuel. Paren-thèse heureuse, qui n'allait pas tarder à se clore avec force. Plus tard, comme tant d'autres jeunes, en particu-lier autistes, je consacrais le plus clair ou sombre de mon temps à l'informatique. Qu'importe après tout la subtile analyse sur le caractère pernicieux de la technique, face aux témoignages des personnes handicapées, toutes ou presque unanimes pour souligner combien l'informatique leur a facilité la vie. Songeons-y : avant l'informatique, un sourd et un aveugle, seuls dans une pièce, ne pou-vaient pas communiquer.

Quant à moi, phobique social, quel meilleur moyen de voyager sans quitter le confort relatif de la chambre ? C'est ainsi, sur un écran, que j'ai découvert, presque pour de vrai, le grand monde. C'est ainsi que, maintenant encore, quand la fièvre s'accentue, j'entrevois les pays où je ne peux aller, notamment le Yémen. Il vaut mieux ne pas songer aux logiciels de surveillance d'Internet qui décomptent combien de fois par jour une certaine connexion sise à Alfortville se connecte à des sites yéménites.

Pourtant, la force du voyage virtuel sur Internet pourrait bien être sa faiblesse décisive : son ailleurs n'en est pas un. N'imposant aucun renoncement aux situations acquises, prônant l'absence de risque, réduisant les pays autres à la seule partie émergée de l'« e-iceberg » (seuls existent sur la Toile ceux qui ont la Toile, et qui s'y comportent comme « nous », en somme bien peu de monde, notamment dans les pays intéressants), le voyage virtuel sur ordinateur ne peut qu'être frustrant. Voulant tout planifier, muer le voyage en un algorithme d'actes à accomplir et d'images à voir, il le tue en dernière instance. Il est, après tout, à l'image de notre temps.

L'avenir, ce jour où il n'y aura plus rien

Et si seul le voyage virtuel, ombre de plus en plus étique du véritable voyage, était l'avenir ? Et si le fameux « boom » du tourisme dont on s'acharne à nous dire qu'il relève de l'apanage de la modernité s'acheminait vers une fin précoce ? Une douloureuse petite réflexion me vient régulièrement à l'esprit : alors que, il y a cinq années encore, quand j'apprenais quelques mots d'arabe, j'avais l'embarras du choix, du moins dans les rêves, des pays où aller pour poursuivre mon apprentissage, aujourd'hui, presque tous sont inaccessibles, du moins à qui conserve un esprit prudent et se fie aux conseils officiels. A l'heure précise où le monde arabo-musulman est omniprésent dans les médias, les lieux de contact potentiels sont plus réduits que jamais.

Ne croyons pas que le monde va ou ira vers la paix. Au contraire, les conflits se multiplient, deviennent plus barbares de jour en jour, la seule innovation relative étant qu'ils ont été déplacés ailleurs. « Je ne conseille plus à mes étudiants de se spécialiser dans le monde arabe, car ces pays n'ont pas d'avenir », m'a dit un jour à Beyrouth, le cœur lourd, peut-être en forçant quelque peu le trait, Sylvia, une amie experte du sujet. L'ignorance, ou même l'ignorance que je dirais active, de l'autre prospère plus que jamais sous la rhétorique du village global. Il y a une quarantaine d'années à peine, l'Afghanistan était une destination idéale pour les voyageurs ; la Somalie était une Côte d'Azur universelle. Il y a peu encore, le Yémen était l'un des pays les plus appréciés, les plus réputés pour leur accueil. Dans un tel monde, bientôt, le seul voyage envisageable dans le respect des injonctions de sécurité sera au supermarché du coin.

Un autre risque, moins évident mais d'autant plus menaçant, guette le voyage réel. Les mécanismes de censure que la modernité instaure quant au discours de vérité mis en évidence par Foucault dans sa fameuse leçon inaugurale au Collège de France pourraient avoir un pendant dans le monde du voyage, qui n'est autre que le monde tout court. Aujourd'hui, on n'a plus le droit de croire à la magie. On ne peut plus donner foi aux récits. Hérodote, père de l'histoire en tant qu'activité, serait purement et simplement relégué parmi les déficients mentaux et autres gamins qui croient au Père Noël. Les frères Grimm ou les frères Schott seraient

contraints à se reconvertir à la fabrication de sand-
wichs pour survivre ; au mieux pourraient-ils en faire
un modèle « Indian Taste », ridicule ersatz de l'ailleurs.

En vérité, le voyage virtuel pourrait être non l'avenir, mais la dernière ombre du voyage. Celle qui pré-
cède la fin du droit au rêve.

L'adieu

Ainsi dit Hafez de Shiraz, le plus illustre des poètes de la Perse : *Marâ dar manzel e jânân che jây e 'aysh chun hardam / jeres faryâd midârad ke barbandid mahmelhâ* : « Quel plaisir [pourrais-je éprouver] dans la maison [de mes hôtes] quand à tout moment / la cloche peut annoncer : attachez les sangles [des chameaux, signal du départ dans les caravansérails] ? » Ce signal, je ne l'ai jamais entendu, au plus imaginé, retentissant dans les murs de l'un des vénérables caravansérails qu'il m'a été donné de visiter, à Kashan notamment, le plus souvent à présent murs décrépis de briques, recouverts d'une poussière fine que le moindre courant d'air soulève et porte aux narines.

Au-delà de trois jours dans un même lieu, on s'attache. Les Bédouins du Néguev l'ont bien compris : à qui vient leur rendre visite, ils remplissent toujours la tasse de café au tiers seulement. Le troisième jour, elle est remplie tout à fait. Signe qu'il faut partir. Naturellement, pareil comportement passerait en Géorgie ou en d'autres pays encore pour hautement blâmable, puisque la règle veut que l'on vous remplisse chaque fois la tasse ou le verre entièrement, nonobstant vos éventuelles protestations pour n'en avoir qu'une demie.

Dire adieu

Quoi qu'il en soit, voyager signifie inévitablement savoir dire adieu. Certes, hypocritement dans les pays occidentaux on dit « au revoir », même et surtout quand on sait qu'on ne reverra jamais l'autre personne – voire parfois quand on ne souhaite plus le ou la revoir. Quand j'étais enfant, dire adieu, ou plutôt faire le processus mental de l'adieu, était l'une des choses les plus difficiles. Durant les dernières années du communisme, mes parents accueillaient régulièrement des gens venus en visite depuis le bloc de l'Est, tantôt de la famille éloignée, tantôt des amis d'amis d'anciens amis, autant dire de parfaits inconnus pour moi dans tous les cas ; le premier jour, ils m'intimidaient beaucoup ; à leur départ, même si je n'avais pas su établir le contact avec eux, je pleurais abondamment et j'étais inconsolable.

Diverses cultures possèdent des rituels, parfois sophistiqués, que l'on met en œuvre au moment de quitter quelqu'un. Chez beaucoup de Kurdes, mais aussi parfois dans certaines communautés traditionnelles en Iran, lors du départ quelqu'un verse de l'eau par terre – je n'ai, hélas, jamais compris le sens de ce geste. En Russie, quelquefois, juste avant l'instant fatidique, le terrible tourbillon du stress s'arrête soudain, et tout le monde se retrouve dans un face-à-face muet pour quelques secondes.

J'ai vécu toutes sortes de scènes d'adieu, lors de mes voyages, cours d'été, colloques et autres activités. En général, je ne les aime guère et m'efforce de les éviter, quittant le groupe juste avant leur début ou me tenant à l'écart. Des scènes très démonstratives, par exemple en Géorgie, avec un grand affichage de sentiments, bien entendu beaucoup de magnifiques chansons, d'alcools divers, de larmes, d'embrassades. Des scènes plus pudiques mais non moins longues, comme dans ce gymnase d'une université de Yilan (Taiwan), où un ancien ministre taiwanais de l'Education a fait un discours, d'une extraordinaire humilité personnelle, tout en retenue, et pourtant répétant sans cesse que le cours n'était pas fini, que nous étions chez nous ici, que nous serions bientôt à nouveau tous ensemble. J'avais eu envie de le croire ; à présent toutefois, je sais que, une fois de plus, quelle que soit la force du vocabulaire et de la rhétorique, on ne se reverra plus jamais.

Celles qui m'ont peut-être le plus marqué étaient, paradoxalement, les plus sobres. Je me souviendrai longtemps de cette maison, perdue au milieu du néant des zones tribales du Balouchestan, et où, à la nuit tombée, je m'étais rendu, juste avant de quitter pour de bon cette région du monde. J'ignore où c'était, qui y était, et comment s'y rendre. L'ami d'un jour au volant de la voiture m'avait simplement dit que le lieudit était connu pour abriter nombre de fantômes et esprits. Ces gens simples, pourtant, savaient, contrairement aux Géorgiens ou aux Taiwanais qui pouvaient feindre le contraire, que nous ne nous reverrions jamais, tant nos deux univers respectifs, culturellement, géographiquement, sont séparés, tant notre brève rencontre relevait déjà du miracle. Une ultime tasse de thé, un « Que Dieu vous garde », une étreinte, et déjà la fragile porte en bois se ferme sur la nuit désertique de ce bout du monde.

L'art de la résignation

Le soir de mon premier jour dans un monastère bouddhiste chinois, un moine néo-zélandais d'origine nous avait dit que le bouddhisme était l'art de réduire ses attentes. Exposé assurément quelque peu schématique, mais qui résume bien l'inversion des paradigmes de la société de consommation qu'exige tout voyage.

Se résigner à ne plus voir des visages connus, certes. Egalement, se résigner à ne pas tout voir : quel que soit le temps que vous passerez dans un pays, vous ne verrez pas tout. En arrivant dans ma chambre d'hôtel au Liban, réservée pour cinq nuits, je pensais pouvoir tout découvrir, et même avoir le temps de m'ennuyer. A présent, à quelques heures du départ, je sais que je n'ai vu qu'une infime partie, et que, même si je devais revenir dix fois, je ne verrais pas tout. Que dire alors des grands pays tels que l'Iran, la Chine, l'Inde ? De ce grand centre inconnu que je nomme Asie centrale ? En vérité, face à eux, on prend conscience d'une chose : ce n'est pas tant la brièveté du séjour, telle ou telle obligation que l'on a eue et qui a freiné nos explorations qui sont à blâmer : plutôt les limites propres à notre existence.

Le temps est court. Nos forces sont limitées. Il y a quelques années encore, j'avais foi en la possibilité d'apprendre beaucoup. Dorénavant, je sais que je ne pourrai apprendre que fort peu. L'oubli, la fatigue entrent en jeu. Si vous cessez de pratiquer une langue, si vous quittez le pays où elle est usitée, vous l'oublierez vite. Pareil à ce jongleur qui essaie d'avoir le plus de quilles en l'air possible, vous lutterez. Mais qu'est la poignée de quilles que peut maintenir en l'air le meilleur des jongleurs avec le plus soigné des efforts par rapport à tous les objets qui forment l'univers ?

Le seuil

Du peu de cours que mes forces me permettent encore de suivre, j'ai un camarade de classe, Serge. Je l'envie secrètement, car il a voyagé bien plus que moi, découvert bien des cultures dont j'ignore tout, et pu y demeurer un temps conséquent. Ses archives abondent d'images des régions les plus improbables d'Afrique ou d'Asie.

Pourtant, quelque chose me perturbait un peu : les souvenirs et images de Serge étaient toujours anciens. Comme s'il ne voyageait plus. Un jour, il me l'a dit franchement : «Je n'ai plus l'étincelle... j'ai ma maison, je m'y sens bien, avec mes chats.» Je n'ai su quoi répondre. C'était un moment triste pour moi. Il est un seuil au-delà duquel le voyage n'est plus une solution, n'est plus une option de vie. Même pour qui, libre comme l'air en apparence, n'a ni famille ni attaches impératives.

D'autant plus que, comme d'autres thérapies, le voyage possède une forme d'accoutumance. Il en faut toujours plus. Il y a peu d'années encore je craignais de m'éloigner de chez moi. Je dois confesser maintenant que les voyages en France ne me font plus d'effet, à part peut-être un peu encore ceux en Corse. En Europe, l'effet voyage demeure, en demi-teinte cependant. Stade fâcheux d'accoutumance alors même que ma thérapie est loin d'être achevée ? D'aucuns parmi les voyageurs en sont poussés à rechercher les mêmes sensations que dans les premiers temps en se rendant dans les lieux les plus étranges, les moins accessibles, les plus invraisemblables.

Je ne pense pas qu'il s'agisse là d'une fatalité. Mitterrand fut probablement de ceux qui ont le plus minutieusement préparé leur passage de vie à trépas. Durant des années, mettant à profit toutes les immenses ressources, en argent, en hommes, en livres que ses fonctions lui conféraient, il a tenté de comprendre et d'infléchir son issue. Le fait est peu connu : quelques jours à peine avant sa mort, très diminué, il entreprit un dernier voyage. Non vers une ultime et désespérée destination de fuite, mais vers l'un des pays qui l'ont le plus fasciné : l'Egypte. Comme pour vivre une dernière fois, pour la première fois peut-être presque pour de bon, les secrets millénaires de cette terre dont le nom en égyptien ancien signifie « la noire ». Quelqu'un a dit que le rêve de l'humanité est de revenir là où elle n'est jamais allée. Je ne peux que faire silence à cela, de ces silences qui font louange.

L'adieu au voyage

Le plus terrible. Et pourtant, je sais qu'un jour, peut-être un jour prochain, pour une raison ou pour une autre, je ne pourrai plus voyager.

Je repense au syndrome Erasmus, à cette joyeuse jeunesse européenne qui voyage par le programme éponyme. Je me souviens. Très jeune étudiant extraordinairement nerveux et rachitique en conséquence, ignorant des codes sociaux et asocial en proportion, mais présent dans les salles de classe longtemps avant le début de chaque cours, j'avais écouté, admiratif, des conversations de mes camarades, par exemple durant mon année en Allemagne. Ces jeunes, à peu près de mon âge mais tellement plus à l'aise dans une Europe qui était leur terrain de jeux, évoquaient leurs stages dans telle ou telle ville, leurs projets pour les deux ans à venir, dialoguaient dans autant de langues qu'en compte l'Europe officielle des Etats. Et bien entendu étaient experts des cuisines nationales autant que des lieux culturels. Ils avaient été plus que des modèles alors. En effet, un modèle est destiné à être imité. Que dire de quelqu'un qui fait tellement plus que vous ne pourrez faire jamais ?

Les années ont passé, puis une décennie, puis encore des années depuis lors. Les choses ont bien changé pour moi, en bien comme en mal. Le calme relatif d'un soir d'été me fait songer à ces anciens voisins de table. O jeunes voyageurs, où vous ont portés vos pas ? Etes-vous toujours avec votre sac à dos, vos cahiers étudiants, sur les routes d'Europe ? Peut-être. Je l'espère en tout cas. Ayant oublié vos noms, jamais je ne vous reconnaîtrai et donc n'en saurai rien. Peut-être qu'au contraire vous avez trouvé votre paradis, êtes sédentaires, réalisant le rêve allemand d'une maison, voiture et enfants ?

La nouvelle est tombée, je crois par e-mail, l'an dernier déjà. Un e-mail de plus, porteur d'une nouvelle qui ne me concernait pas. Mehmet, mon premier compagnon de voyage en Iran, s'est marié. Et il était plus jeune que moi ? Compagnon de voyage, héros des mosquées de Yazd et de la steppe de Tous, toi qui me fis aller au bout du monde, où es-tu ? Te reverrai-je ? Quel sens aura dans ta vie notre voyage d'un été ?

Pour Cioran, l'événement le plus terrible de sa vie avait été d'être refusé, en raison de son âge, dans les restaurants estudiantins. Jusqu'à quand pourrai-je jouer au jeune étudiant amateur de cours d'été ? Quand me refusera-t-on ? L'été dernier, déjà je me posais ces questions. J'ai obtenu une année de grâce. J'ignore si elle sera renouvelée une fois. Je vais d'été en été, sans penser au prochain, éphémère insecte dont on a jusqu'à ce jour par hasard renouvelé le contrat.

Épilogue

Un message m'est parvenu avant-hier. De ceux que l'on doit relire pour les comprendre. De ceux qui vous perturbent longtemps. L'Institut national de la recherche de la République d'Inde m'accepte parmi ses chercheurs à partir de l'an prochain. Des formalités, des valises, des adieux. Qui sait si tout aboutira ? D'autres horizons, d'autres routes de montagne pourraient commencer. Me mener loin, très loin peut-être, là d'où il n'est point de retour.

Au loin, de l'autre côté de la gorge, la petite cloche de l'église médiévale de Nakalakari, seul édifice encore debout de la forteresse médiévale, sonne le glas pour la personne de la maison voisine dévorée par les loups l'autre nuit. Le soleil a disparu derrière les montagnes du Caucase sur mon dernier soir ici. Bientôt on n'y verra plus. La nuit noire, un peu plus froide encore que chacune des précédentes, ouvrira d'ici quelques instants le règne des fantômes et êtres errants. Que ces trop longues lignes, ami lecteur, se terminent sur ces mots en sanskrit archaïque, qui ne comptent plus leurs siècles, qui closent l'hymne 191 à Agni du dixième livre, le tout dernier, du Rig-Veda,

parmi les plus anciens que la mémoire humaine garde
encore en son sein :

Samânî va âkûtiH samânâ hRdayâni vaH
Samânamastu vomano yathâ vaH susahâsati.

« Que votre résolution soit une,
et que vos cœurs soient à l'unisson.
Unies soient les pensées de tous
qui acceptent de plein gré. »

A Nakalakari, le 6 septembre 2013.

Table

Impression réalisée par

BRODARD & TAUPIN

*La Flèche
en mars 2014*

Dépôt légal : mars 2014
N° d'impression : 3003898
Imprimé en France